十二星座
準到骨子裡

只要這一本，解決難事不再是問題！

朱鴻鈞/編著

曾經有段愛情讓你肝腸寸斷？
曾經有位朋友讓你痛澈心脾？
曾經有個同事讓你恨之入骨？
曾經有件往事讓你念念不忘？

別斷、別痛、別恨、別忘！
只要你想得到的東西，
通通不漏接，讓你事事順利一把罩

U0079021

 永續圖書線上購物網

 讀品文化 事業有限公司

WWW.foreverbooks.com.tw

yungjiuh@ms45.hinet.net

幻想家系列　03

十二星座看你準到骨子裡

編　　著	朱鴻鈞
出 版 者	讀品文化事業有限公司
執行編輯	林美娟
美術編輯	翁敏貴

社　　址	22103　新北市汐止區大同路三段 194 號 9 樓之 1
	TEL／(02) 86473663
	FAX／(02) 86473660
總 經 銷	永續圖書有限公司
劃撥帳號	18669219
地　　址	22103　新北市汐止區大同路三段 194 號 9 樓之 1
	TEL／(02) 86473663
	FAX／(02) 86473660
出 版 日	2013年1月

法律顧問	方圓法律事務所　涂成樞律師
CVS代理	美璟文化有限公司
	TEL／(02) 27239968
	FAX／(02) 27239668

版權所有，任何形式之翻印，均屬侵權行為

Printed Taiwan, 2013 All Rights Reserved

國家圖書館出版品預行編目資料

十二星座看你準到骨子裡 / 朱鴻鈞編著.
-- 初版. -- 新北市：讀品文化，民102.01
面；　公分. -- (幻想家；3)
ISBN 978-986-6070-68-6(平裝)

1.占星術

292.22　　　　　　　　　101023333

前言

　　所謂星座，是人類將天空分割而成的區域。在古代，東方人與西方人都對星座有著非同一般的興趣。西方星座學用太陽在天球上經過黃道的十二個區域的時間，將人們按出生時間劃分為白羊、金牛、雙子、巨蟹、獅子、處女、天秤、天蠍、射手、摩羯、水瓶、雙魚十二個星座。十二星座各有不同性格及命運，站在科學的角度上，不同的星座與地球在太陽系中公轉的位置具有密切的關係，每年的同一個時段裡，它所在的位置、氣場等具有共同的特性，對在同一個時段出生的人在性格等各個方面難免有共同的影響。

　　本書介紹的星座學，是西方星座學。根據個人星宮圖中不同的星宿所坐落的命宮以及每一個星宿的位置，判斷每個星座的性格以及運程，讓大家行事順利、好運跟著走。

入門篇

星座起源於哪裡？

星座起源於美索不達米亞文明。美索不達米亞文明，又稱「兩河文明」，發源於底格里斯河和幼發拉底河之間的流域，這裡是四大文明古國之一的古巴比倫的所在，在今伊拉克共和國境內和敘利亞東北部。

美索不達米亞文明時代，人類已經開始觀察和研究頭頂上璀璨的星空，他們不僅把星星連接起來用動物或用具命名，還注意到了星空的變化，發明了曆法、閏月，有了7天為一周的約定。他們不僅對恆星和五大行星有所瞭解，還發現了黃道，並且黃道帶上的十二星座也在那個時代陸續被發現、命名。

古希臘時代，星座的學說得到整理和補充，古希臘天文學家托勒密總結出四十八個星

座，用動物和希臘神話故事給這些星座命名。
到了中世紀，航海事業的興起，星座學受到普
遍重視，人們不僅要用星座來導航，還開始關
注起星座的各種含義來。

　　1919年，國際天文學聯合會在比利時布魯
塞爾成立，1928年，國際天文學聯合會約定了
88個星座的方案。根據星座在天空中的地理位
置，分為五大區域，即北天拱極星座（包括5
個星座）、北天星座（包括19個星座）、黃道
十二星座（包括12星座）、赤道帶星座（包括
10個星座）、南天星座（包括42個星座）。我
們常常說的十二星座就是指黃道十二星座，包
括：巨蟹座、白羊座（即牧羊座）、雙子座、
水瓶座（即寶瓶座）、處女座（即室女座）、
獅子座、金牛座、雙魚座、摩羯座、天蠍座、
天秤座、射手座（即人馬座）。

　　在中國，古人對星座的劃分不同於西方，

我們分為3大類28小類，即三垣二十八宿，其中最重要的是紫微垣。所以，中國的觀星術又統稱紫微星座，其中的14主星，依易經又分為陰陽兩性，各代表不同的含義，對人生具有不同的指導意義。

為什麼說中國古代天文學就是占星學

古代的天文學就是占星學，只是隨著人類對王體的認識發生質變，近代天文學才逐漸和占星學區分開來。在現代，人類對宇宙的認識、對事物的發展規律的體驗雖然有了很大的進步，但是實際上還是知之甚微。在一定程度上，占星學對人類的認識還有一定的啟示和指導意義。

傳說，在遠古時代，始祖伏羲就經常站在卦臺山上，仰望天上的日月星辰，感應天地和

人的相互依存，有悟乃作八卦。鄭州大河村遺址出土了一批刻有星座的彩陶，這正是五千年前的文明，和伏羲所處年代大致相當，可見占星學起源之早。而伏羲所作的八卦到現在還吸引著很多智者前來研究探索，影響各類學科的發展，直接或間接地影響人類的生活。

而有明確記載的占星學始於堯時代，《尚書、堯典》記載了堯設立專職官員觀察星相來指導農作。中國最早的天文臺——火星台就建造於堯舜時代，位於今天商丘市睢陽區城西南2公里火星台村。傳說堯舜時代，閼伯被派到商丘負責管理火種、祭祀、觀察農時，因功受封，後人為紀念閼伯而築火星台。

到西周時代，古人對星相的認識得到提高，對星座的劃分已非常細緻。《詩經》中的《小雅、大東》這樣寫道：「跂彼織女，終日七襄。雖則七襄，不成報章。睆彼牽牛，不

以服箱。東有啟明，西有長庚。有求天畢，載施之行。維南有箕，不可以簸揚。維北有斗，不可以挹酒漿。維南有箕，載翕其舌，維北有斗，西柄之揭。」裡面提到的織女、牽牛、啟明、長庚、北斗等星座都為後人時常提及，沿用至今。

在農業社會，星座知識更多應用於曆法，指導農作，觀察氣象，到後來，占星學所承載的意義越來越複雜。即便是惜墨如金的《二十四史》，莫不在顯赫的位置記載著星相的變化。

而各朝的統治者更是把祭祀太陽的活動當成最高統治者的專權，天子統領文武百官，穿上最華麗的衣服，以最隆重的儀式祭日，既祈求太平，也是顯示權威。這種活動一直持續到明清，現在北京朝陽門外的日壇就是清代皇帝用來祭日的場所。

占星學在西方有哪些發展歷程

西方占星學起源於大約西元前2000年左右，希臘以南，埃及以北的地方，亦即美索不達米亞文明。

當時，生活在美索不達米亞的蘇美爾人，在烏爾和烏魯克建造了七級的廟宇，每一級代表一個天體：月亮、太陽、水星、金星、火星、木星和土星。這七顆天體被認為是祭司們通向神的路。從這裡可以看出，蘇美爾人已經有了自己的星座。

美索不達米亞文明傳入希臘後，希巴克斯、托勒密等人對星座的學說加以整理和發展，更細緻地劃分了星座以及加強了星座和人類的聯繫。希巴克斯把星座和嬰兒的出生聯繫起來，托勒密的《天文學大成》創立了地心

説，這都對後世產生了深遠的影響。

　　在歐洲，占星學主要為宗教和皇室所用，也有一些煉金術士研究占星學。基督教也受到占星術的影響，特別是到文藝復興時期，占星學被廣泛應用，成為人們人常生活的普遍常識，德國著名天體物理學家約翰內斯·開普勒就是一個著名的占星術士。但這之後，尤其是望遠鏡問世後，占星學走向衰落，逐漸讓位於現代科學，讓位於現在天文學，只能在民間佔有很小的市場。

　　到18世紀後，經過工業革命，現代科學進一步得到發展，占星學家們也開始吸收新知識，改良占星學，到19世紀和20世紀，占星學在保存古人智慧結晶的基礎上，開始和統計學、心理學等相結合，又有了新的發展。

你的婚姻、職業、外貌 在占星學上有預兆嗎？

占星學並不是簡單地把人分成多少種類，然後以種類來判定人的行為模式，如果是這樣的話，根本無法來研究天體和地球上的生命的關係。

占星學並不會和天文學一樣精密，天體的運動變化和地球上的生命的複雜多變有著特定的聯繫，地球上的火、氣、土、水元素的發展過程和天體的變化有著客觀的規律。

占星學並不只是依賴於占星學家的敏感，其客觀性得到了統計學的驗證。法國占星家高格林和他的妻子對五萬多位知名人士進行了30年的統計和整理後，證明瞭占星學的可靠。類似的調查統計很多，瑞士的一個富翁統計的人

數更是高達六百八十七萬人，繁瑣的統計都指向一個結果：占星學並不是信口開河，星座和人生確實存在著必然的聯繫。

　　一個人的婚姻、職業、外貌、健康、人生的軌跡無不在占星學上有所預兆。例如，在婚姻的選擇中，單身男人裡，射手座的比率就明顯高於其他幾種星座；在職業方面，金牛座的人更容易成為藝術家；在外貌方面，白羊座的人眉毛會比較濃；在健康上，人的體質總是偏向風、土、水、火中的一種。占星學家可以根據星盤和天體的運動變化來給你一些建議。

　　總體來說，占星學不是死板的、固定的劃分種類，而是一定理論基礎上研究變化與變化之間的關係的學說。占星學最有用之處還是在於心靈啟示，幫助自己發現自己的內在，改變自己的內在，實現自己的幸福。

占星學和十二星座是同一概念嗎？

簡單來說，十二星座是占星學的起步知識，是占星學裡最基礎、最容易理解的知識，就和幼稚園的老師教的東西一樣，而初、高中的知識還要進一步的學習或鑽研，在有悟性的情況下才可能接觸到占星學裡更高深的知識。誤以為十二星座就是占星學的全部，是幼稚、可笑的。

占星學絕不是簡單地把人分成多少種類來研究，世上沒有完全相同的樹葉，有多少人，占星學就把人分成多少種，每個人都是獨一無二的。

批評占星學的人，都是沒有研究過占星學的人。人類的毛病之一就是對自己不瞭解的事物妄加評論。或者有些還沒跨進門檻就先走入

誤區的人，他們天真地以為十二星座就是占星學，於是對占星學嗤之以鼻。殊不知，他們就是典型的盲人摸象。

　　占星學是一個有著自己完善體系的關係人格的學科，而不僅僅是十二星座的預兆。占星學的專業知識非常複雜，不然不足以解讀複雜的生辰圖。

　　總之，人生有多複雜，占星學就有多複雜，人生有多曲折，占星學就有多曲折。占星學並不是簡單到只有十二星座，像玩具一樣可以供幼稚園的孩子們玩耍。

如何正確對待占星學

不可否認，占星學部分是靠心理暗示實現的，有時候甚至就直接取代了心理醫生的作用。占星學是落入凡間的巫師，也是安撫靈魂的心理醫生。占星學會對人的性格和命運有所描寫，而一個人受到心理暗示後，就會不自覺地導致事情的發生，會潛意識裡影響到一個人的人格。

一個占星學家不應該否認這種精神上的影響對人體造成的作用，但也不應該完全依賴於這種心理暗示。誇大或者忽略這種影響，都是不正確的。把握占星學的客觀規律，靈活應用預言對生命的自省，把握好自己的未來，才是占星學的方向。

占星學和心理學密切相關，但是占星學

並不能全是心理學，占星學有著自己的可靠之處，有著自己的獨特的優勢。

　　作為人類最古老的信仰，占星學最可敬之處在於對人類自己的內在的瞭解和改進，人總是在默默改變自己去適應社會、適應大自然、適應整個宇宙。

　　人類與星辰的關係，是人與宇宙的關係的一個大課題，也是瞭解人與人的關係、人自身內在的一種重要依據。占星學雖然不像天文學那樣嚴謹而具有說服力，但它更有柔性，更能滲透到生活的點點滴滴，也更複雜多變，研究起來難度更大。

個性篇

怎樣透過神話看十二星座的性格

粗線條的白羊（3/21～4/20）

很久很久以前，在一個古老的國家裡，國王和王后離婚了，後來他又娶了一個新王后。這個新王后長得非常漂亮，但是心胸狹窄、天性善妒。她看到國王對前妻留下的一對兒女百般疼愛，於是一心想除掉他們，奪回國王的愛。

在春天來臨的時候，她偷偷將所有發放給百姓的麥種全部炒熟。這樣，新播種的麥子無論怎麼加倍照料也無法發芽。新王后又到處散佈謠言，說因為王子和公主有邪惡的念頭，所以所有莊稼以及全國人民都被詛咒了。淳樸善良的人們聽信了這個可怕的謠言，一致要求國王處死王子與公主。國王非常不情願，但為了

全國人民的安定富足，還是決定處死心愛的子女。

　　這個消息傳到前王后的耳朵裡，於是她向宙斯求救。宙斯在行刑的那天，派出一隻長著金色長毛的公羊救走了王子與公主。因為王子天性樂觀，所以沒有一絲恐懼；而公主粗心調皮，就在白羊載著她飛過海洋的時候，不小心摔到海裡淹死了。

　　為了獎勵公羊的搭救，宙斯就把牠高高懸掛在天際，這就是今天我們所熟知的白羊座。

　　星座物語：王子的樂觀開朗和公主的粗心大意，正是白羊座人最大的特點。

金牛的誘惑力（4/21～5/20）

　　歐蘿芭是一個古老王國的公主，她經常夢見一個陌生女人對她說：「我將會帶妳去見宙斯，因為命運女神指定妳做他的情人。」

　　那時宙斯已經娶了天后希拉做妻子，但是他並不愛她，因此整日處在鬱鬱寡歡之中。命運女神覺得有責任幫助宙斯找到他心愛的女人，於是認定了歐蘿芭。

　　起初，宙斯興趣不大，但在命運女神的安排下，他偷偷見了歐蘿芭，不禁被她的美色所打動，從此不可自拔地愛上了這個美麗的公主。

　　一天，歐蘿芭與同伴們像往常一樣在草地上快樂地嬉鬧。這時，一隻高貴華麗的金牛來到她面前。只見那隻牛金黃的毛髮閃光發亮，晶瑩的牛角像精雕細刻的工藝品，額前有一個新月形的銀色胎記，那雙藍色的眼睛裡燃燒令人悸動的情欲。

　　歐蘿芭深深被這頭金牛誘惑住了，欣喜地跳上了牛背。金牛從地上輕輕躍起，飛上天空，一直飛到一座孤島上。歐蘿芭不知所措，

這時金牛變成了一個俊逸如天神的男子，他告訴她，如果歐蘿芭答應嫁給他，他可以保護她。但是歐蘿芭深深地記著夢中女人對她的承諾，並沒有答應他。

這時，夢中那個女人出現了，她對歐蘿芭說：「我就是命運女神，妳眼前的男子正是宙斯本人。」

歐蘿芭這才恍然大悟，服從了命運女神的安排，十二星座中的金牛座也由此得名。

星座物語：愛與美，正是金牛座的象徵。

雙子重情義（5/21～6/21）

斯巴達王國的莉妲王妃溫柔善良，她有兩個非常乖巧可愛的王子。他們不是雙胞胎，卻長得一模一樣，而且兄弟倆感情特別深，莉妲王妃覺得非常幸福。

突然有一天，王國被一頭巨大的野豬攻擊

了，王子們帶領勇士去捕殺這頭野豬。後來，野豬被哥哥殺死了，但是勇敢的哥哥也受了重傷。

莉妲王妃為了安撫受傷的哥哥，偷偷告訴他一個祕密。原來，哥哥並不是王妃與國王所生，而是她與天神宙斯的兒子。所以，他是神，擁有永恆的生命，任何人都傷害不了他。哥哥聽後很吃驚，同時也答應王妃不會告訴任何人，包括他最親愛的弟弟。

然而，勇士們因為爭功，竟起了內亂，最後竟然打了起來。面對一發不可收拾的場面，兩位王子立即趕去阻止。然而在混戰中，有人拿長矛刺向哥哥。弟弟看到了，奮勇擋在哥哥的身前。結果，弟弟被殺死了，哥哥痛不欲生。

哥哥為了讓弟弟起死回生，跑到天上請求宙斯。宙斯搖著頭說道：「你可以拿出你一半

的生命力救活他，但是你也將成為一個凡人，不再擁有永恆的生命。」哥哥毫不猶豫地回答：「弟弟可以為了我而死，我為什麼不能為了弟弟而死呢？」宙斯聽了非常感動，便以兄弟倆的名義創造了一個星座，命名為雙子座。

星座物語：雙子座的團結友愛，最讓人感動。

巨蟹的保護欲（6/22～7/22）

很久以前，赫克力斯大戰蛇妖，卻被幫助蛇妖的巨蟹咬了一口。但最後，赫克力斯還是把巨蟹打死了，把牠的屍體扔在愛琴海的一座小島上。

因為沒有完成任務，巨蟹受到了希拉的詛咒。然而，不幸的是，這詛咒波及雅典王后——雅典公主美洛結婚的時候，就是王后死亡的時候。因為懼怕詛咒，公主一直沒有嫁人。

在美洛二十歲那年，一位名叫所颯的王子來到了雅典城，他對美洛傾心已久，想娶她為妻。但是那個詛咒是可怕的，公主不想為了自己的幸福而犧牲母親的生命，於是她給所颯下了九個幾乎不可能完成的任務，只有他圓滿完成，才可以娶自己。然而，英武神勇的所颯竟全部完成了！公主左右為難，無法抉擇。偉大的雅典王后為了女兒的幸福，毅然決定把美洛嫁給所颯。

在美洛和所颯舉行婚禮的當天，王后一個人悄悄走向海邊，迎著愛琴海的浪花，跳海自盡了。後來，人們在海上發現了一隻巨大的螃蟹，只見牠雙臂環繞胸前，彷彿缺乏安全感，又像是一位善於保護孩子的母親。

希拉知道這件事後覺得非常後悔，於是讓那溫柔、善良、敏感的母親在天上成為一個星座，它的形象就是一隻巨蟹。

星座物語：心胸廣闊、渴望保護弱者、自衛能力很強，這些都是巨蟹座的特徵。

勇敢的獅子（7/23～8/22）

尼密阿是上天賜給巨人堤豐和蛇妖厄格德的兒子，在他們以人和妖的身份相愛時，尼密阿從月亮上掉了下來，於是家人都親暱地叫他阿尼。

阿尼是個半人半妖：白天，他是一頭勇猛的獅子，金黃的毛髮像太陽一樣閃閃發亮；晚上，他變成一個金髮藍眼的美少年。

阿尼有一個妹妹叫許德拉，是一個九頭蛇妖：她的上半身是人，非常美麗；下半身是蛇，閃爍著月光一樣的銀色。

阿尼從小就深愛著許德拉，雖然他們父母相同，但阿尼是從天上掉下來的，而許德拉是母親生出來的。阿尼對許德拉說，他願意為她

做任何事，包括死。於是，他們相愛了。

　　然而，幸福的日子總是短暫的。英雄赫克力斯按照神諭的昭示，要殺死阿尼和許德拉。阿尼為了保護心上人許德拉，決定隻身前往，與赫克力斯戰鬥。許德拉想阻止他，阿尼安慰道：「除了妳，沒有人能殺死我！請相信我，我一定能打敗這個宙斯與凡人的兒子。」

　　許德拉不想讓阿尼受到任何傷害，於是決定趕在阿尼之前擊退赫克力斯，哪怕是同歸於盡。許德拉隻身迎戰赫克力斯，然而，儘管她可以變化出九個頭，但最終敵不過赫克力斯。赫克力斯果斷地殺死了蛇妖許德拉，並把身上所有攜帶的箭全部浸泡在含有劇毒的蛇血裡。

　　後來，阿尼終於找到了赫克力斯，當他發現許德拉被殺死以後，憤怒的他勇猛地撲向赫克力斯，一時難分勝負。赫克力斯突然心生一計，把浸泡在許德拉血液裡的毒箭射向雄獅。

一支、兩支、三支,最後,雄獅阿尼的心被射中了。他變成了人的模樣,倒在血泊中。

後來,宙斯讓阿尼重回天上,變成了一顆如太陽般燦爛的星座,這就是獅子座。

星座物語:勇於為愛情而犧牲,這就是屬於獅子座的人類被賦予的性格。

處女的冬天之約(8/23~9/22)

波賽芙妮是大地之母、穀物之神蒂美特的獨生女兒,她是春天女神,只要她經過的地方都會開滿美麗的花朵。

有一天,波賽芙妮在草地採摘花朵時發現一株美麗至極的銀色水仙,於是忍不住伸手採摘。但是,奇怪的事情出現了:那株水仙突然化作一團紫色的雲霧,一股淡淡的陰鬱的香氣瀰漫開來。當雲霧逐漸淡去時,出現了一個身穿黑衣、有著紫色眼睛的俊俏男子。

　　他對波賽芙妮不懷好意的笑著：「既然妳救了我，那麼就要遵守誓言嫁給我……」

　　突然，地面裂了一條縫，波賽芙妮被一股強大的力量吸了進去。

　　劫走波賽芙妮的正是冥王黑帝斯。蒂美特知道後，拋下手中的穀物，飛躍千山萬水去尋找女兒。人間失去了大地之母，種子不再發芽，莊稼不再生長，大地雜草叢生、一片荒蕪。宙斯知道這件事後，再次下令詛咒黑帝斯。黑帝斯知道在劫難逃，再次陷入長長的昏睡前，他對波賽芙妮說：「我是真的愛妳。我的香氣屬於人間，請妳把它帶走吧！」說完，黑帝斯閉上了眼睛。

　　波賽芙妮返回人間時正是春天，她把香氣撒在花朵上，讓燦爛的陽光照遍每個角落。然而，她卻忘不了在地府長眠的黑帝斯，她不知什麼時候已悄悄愛上他了。春天結束了，夏天

又走遠了，秋天眼看又過去了。到了冬天，女神終於忍不住長長的思念，跑到地府看望黑帝斯。這時候黑帝斯就會奇蹟般地醒過來，等到春天波賽芙妮離去時，他又陷入深深的睡眠。

宙斯感動於他們的愛情，便規定一年之中他們有四分之一的時間可以相會。從那以後，大雪飄飛、寸草不生的冬天就是波賽芙妮到地府與黑帝斯相見的日子。宙斯為了紀念這份特別的愛情，為波賽芙妮指定了天上的一個星座，這就是處女座。

星座物語：對愛情忠貞不渝，這是處女座最大的特點。

天秤的美好心願（9/23～10/22）

在很久以前，神和人類一起居住在大地上。海神波賽頓是宙斯的弟弟，正義女神阿斯托莉雅是宙斯的女兒，他們在長久的相處中產

生了愛慕之心。

　　後來，人類學會了製造很多東西，同時也學會爾虞我詐和鉤心鬥角，戰爭與罪惡讓人間變得烏煙瘴氣。眾神無法忍受，紛紛搬回天上住。但是只有正義女神沒有對人類絕望，她覺得人類本性善良，一定能再回到原來的和平與快樂。

　　海神波賽頓卻很悲觀，他極力勸告正義女神和他一起回到天上。女神不聽從，於是他們爆發了兩人間的第一次爭吵。後來，爭吵越來越激烈，由人類問題升級到他們的身世。正義女神鄙視波賽頓不過是宙斯與希拉的眼淚創造的，而波賽頓卻諷刺正義女神不知是宙斯與哪個女人生出來的。正義女神覺得很委屈，找父親宙斯評理。

　　天后希拉本來偏愛波賽頓，而且又嫉妒正義女神的母親，她知道水是生命的源泉，前身

是水的波賽頓能讓人類感到和平。於是,她建議正義女神與海神波賽頓兩人比賽,誰更能讓人類感受到和平,誰輸了誰就要向對方道歉。

比賽開始了。只見波賽頓用力朝牆上一揮,裂縫中就湧流出透明純潔、清涼舒適的水,讓人類心中的邪惡與雜念消失得無影無蹤。這時正義女神變成了一棵美麗的樹,紅褐色的樹幹、翠綠的樹葉和金色的橄欖,讓人看了心中充滿了愛與和平。正義女神的心願終於實現了,海神波賽頓朝正義女神微笑著,他們和好如初。

為了紀念這場意義重大的比賽,宙斯把隨身攜帶的天秤往天上一拋,就成了今天的天秤座。

星座物語:擁有一顆美麗的心靈,祈願家人、朋友永遠和平共處,這就是天秤座的特點。

自負狂妄的天蠍（10/23～11/21）

法厄同是阿波羅的兒子，赫莉是阿波羅的女兒，他們一家人住在華麗的太陽神宮殿裡。法厄同繼承了太陽神的面孔，美麗而性感，但是性格衝動自負；赫莉沒有美麗外表，但是溫柔善良，她在不知不覺中愛上了哥哥法厄同。

但是，法厄同喜歡的是美麗的水泉女神娜伊，他們整天出雙入對，非常幸福。在長久的折磨中，赫莉變得憂鬱、敏感，終於有一天，她向法厄同撒了謊，說他並非太陽神的兒子，而是母親與凡人私生的。衝動的法厄同輕易相信了從來不說謊的妹妹，怒氣沖沖跑到父親阿波羅那裡問個明白。儘管阿波羅再三保證他就是自己的親生兒子，法厄同還是不相信。最後，太陽神只好指著冥河起誓，為了證明法厄同是自己的親生兒子這個事實，他答應法厄同的任何要求。

　　然而，自負的法厄同竟然選擇了太陽神的太陽車，他根本不會駕駛太陽車，不按照規定的線路行駛必將釀成人間大禍。

　　衝動的法厄同不管父親的勸告，跳上太陽車，衝出了時間的大門。這時，慘劇發生了，金色的太陽車在時空裡毀滅性地穿梭，森林起火了，莊稼燒毀了，河流乾枯了，湖泊變成了沙漠，人類被活活燒死。人間天昏地暗，淒慘無比。

　　赫莉看著自己一手造成的慘劇，痛悔無比。她狠心的放出一隻毒蠍，咬住了法厄同的腳踝，眾神才趁機阻止他。但是一切都晚了，法厄同和燃燒著的太陽車一起從天空中墜落到河裡，水泉女神娜伊含淚將他埋葬。赫莉痛哭了四個月，最後變成了一棵白楊樹，她的眼淚變成了晶瑩的琥珀。從此，世界有了沙漠，也有了琥珀。

宙斯為了警示人類自負的弱點，以那隻挽救了無數蒼生的蠍子命名了一個星座，這就是天蠍座。

星座物語：歇斯底里、捉摸不透，正是天蠍座給人的最深印象。

善良的射手（11/22～12/20）

在遙遠的大草原上，有一個人馬部落，他們生性兇猛。但是射手奇倫卻是個例外，他溫和善良、坦誠有禮，因此得到大家的尊敬與歡迎。

英雄赫克力斯是奇倫的朋友，有一天，他來到奇倫家中做客。赫克力斯聽聞人馬族的酒香醇濃鬱，便要奇倫拿出來給他品嘗。可是，赫克力斯的酒量不是一般的大，他喝光了奇倫的酒，覺得不過癮，想把部落的酒都喝了。奇倫耐心地為他解釋，說酒是部落公有的，任何

人都不可以獨自佔有，希望赫克力斯不要這樣
做。但是，赫克力斯的脾氣向來倔強、暴躁，
根本不聽奇倫的勸告，一個人闖進了人馬部
落。脾氣同樣剛烈的人馬族不肯屈從，衝突一
觸即發。

　　赫克力斯是有名的大力士，很多天神都懼
他三分。人馬族雖然也非常厲害，但還是敵不
過赫克力斯，他們紛紛落逃，最後只能逃到奇
倫的家中。

　　赫克力斯得意洋洋，揚言如果沒人出來
應戰，就要毀掉整個部落。善良的奇倫為了親
朋好友，為了整個部落，想化解這場爭鬥。但
是，當他奮不顧身走出來的時候，卻沒注意到
赫克力斯的箭也飛了過來。赫克力斯來不及收
箭，眼睜睜地看著朋友奇倫的心臟被自己的神
箭射穿。赫克力斯懊悔萬分，奇倫用盡最後一
口力氣說道：「再鋒利的箭也會被軟弱的心包

容，再瘋狂的獸性也不會泯滅人性。」說完，
奇倫的身體變成無數的小星星，飛到了天空，
組成人馬的形狀，那支箭似乎還刺在他胸前。

為了紀念善良的奇倫，人們稱這個星座為
射手座。

星座物語：善良、包容是射手座與生俱來
的特點。

摩羯的愛情觀（12/21～01/19）

牧神潘恩看管著宙斯的牛羊，他長得很醜
陋，因此非常害羞和自卑。但是不知道什麼時
候起，他悄悄愛上了神殿裡彈豎琴的仙子。

沒有人知道潘恩心裡的小祕密，他經常一
個人跑到天河盡頭的一個湖泊邊吹簫。這裡很
安靜，因為這裡的湖水被詛咒過了，任何人踏
進河水的人都會變成魚，永遠也變不回來。但
是潘恩毫不在意，只有在這裡，他才敢大膽地

讓愛意在簫聲間迴盪，他多麼希望仙子能聽到啊！

有一天，正當眾神在神殿裡設宴歡聚時，突然黑森林裡的多頭百眼獸突然竄了進來。這隻惡獸法力高強、兇猛異常，眾神無法制服牠，於是都紛紛逃離。

當時，彈豎琴的仙子被嚇壞了，呆立在原地不知逃跑。惡獸發現了仙子，咆哮著向她衝了過去。這時，膽小、害羞的潘恩，勇猛地跳了進來，他搶在惡獸前面抱起仙子就跑，但惡獸窮追不放。潘恩知道自己跑不過惡獸，情急之下忽然想起了天河盡頭的湖泊，於是拼命向湖泊跑去。惡獸也知道湖泊被詛咒過了，暗笑潘恩自尋死路。

在快追上潘恩時，惡獸萬萬沒有想到，潘恩竟勇敢地踏進了那個湖泊，他把仙子高高舉在手中，自己站在湖泊的中央。惡獸不敢靠

近，只好放棄。等惡獸離開了，潘恩才小心翼翼地走到岸邊放下仙子。仙子感激涕零，想把潘恩拉上湖邊來，但是潘恩的下半身已經變成了魚的尾巴。

宙斯有感於潘恩為愛情所做出的犧牲，便以他的形象在天上創造了摩羯座。

星座物語：嚴謹而內斂，對於愛情和幸福有著自己獨到的理解，這是摩羯座的人們共有的特性。

水瓶的眼淚（01/20～02/18）

加尼美迪斯是特洛伊城的王子，他俊美不凡，捕獲了特洛伊城裡所有女孩的芳心。但是他不愛人間的女子，他愛上了宙斯神殿裡一位倒水的侍女。

天界那個倒水的侍女叫海倫，雖然只是一個侍女，宙斯仍然非常喜愛她。有一天，海倫

無意中聽到一個不好的消息，太陽神阿波羅和智慧女神雅典娜準備毀滅特洛伊城。海倫大驚失色，不顧天規戒律趕去給王子加尼美迪斯報信。但是，在半路上她被發現了，被抓回了神殿。

宙斯不忍心處死她，但不得不懲罰她，最後決定將罪轉嫁給與海倫私通的特洛伊王子身上。宙斯變成一隻老鷹，降落在王子的後花園，在他看到王子的那一瞬間，他嚇呆了──他見過神界和凡間無數美貌的女子，但從來沒見過如此俊美的少年，決定把王子帶回神殿。

在冰冷的神殿裡，宙斯逼迫加尼美迪斯代替海倫為他倒水，這樣他就可以天天見到他。宙斯的妻子希拉是個善妒的人，她嫉恨加尼美迪斯的美，於是心生毒計，決定殺害這個無辜的王子。她偷偷將海倫放走，海倫惦念著加尼美迪斯，想找回加尼美迪斯一起逃回凡間，希

拉就在這時把他們兩個一起抓住。宙斯被激怒了，決定處死加尼美迪斯。但是，就在箭快射到加尼美迪斯時，海倫擋在了他的胸前。

陰謀被破壞了，希拉在惱怒之下，把加尼美迪斯變成了一只透明的水瓶，懲罰他永生永世為宙斯倒水。然而，每次從水瓶中倒出來的不是水，而是眼淚。於是，宙斯將加尼美迪斯封為一個憂傷的神靈，留在天上。

加尼美迪斯遙望著天際，日日夜夜在流淚。人們在抬頭時經常可以看到一群閃光的星星，就像透明發亮的水瓶懸於夜空，於是便稱呼它為水瓶座。

星座物語：純潔的心靈，善良的本性，是水瓶座最迷人的地方。

浪漫的雙魚（02/19～03/20）

丘比特是美神維納斯和大衛的兒子，他非

常可愛，長著一雙潔白的翅膀。他有一把玲瓏剔透的神弓，凡是被他的箭射中的人們都會相愛，而且會永遠幸福。丘比特也渴望擁有美麗的愛情，但是他無法用箭射中自己。

在一次眾神的宴會上，丘比特和母親維納斯都參加了。在席間，他被一個非常漂亮，但是神情黯然的女孩打動了。他走上前詢問原因，原來這個女孩是預言家所羅門的女兒。所羅門曾經預言過這是一場災難性的宴會，而她──血石，將會成為這場災難的祭品。丘比特聽後非常傷心，希望這場災難不要發生，因為他已不知不覺中愛上了她。

但就在這時，可怕的百眼怪出現了，試圖破壞宴會。惡獸的本領非常厲害，而且處處與眾神為敵，眾神拿牠沒辦法，只好紛紛逃離。女孩血石想阻止惡獸，她似乎忘記了父親的預言，勇敢地衝向了惡獸。丘比特非常擔心，他

想擊退惡獸，慌亂中朝怪物射了一箭，但是他忘記了自己箭的作用。更不幸的是，這支箭不僅射中了惡獸，還射中了奔向惡獸的女孩血石。這時候，母親維納斯找到了丘比特，緊緊拉著他跳進了河裡，變成兩條魚才脫險。丘比特無法掙脫母親的手，他含淚回頭望著，只見血石和怪物連在一起，消失在茫茫的宇宙中。

　　後來，天上出現了一個星座叫做雙魚座。可是丘比特並不在上面，他一個人孤獨地坐在木星上，偶爾向地球的方向射出一箭。

　　星座物語：雙魚座的人們很浪漫，為了愛情，他們可以放棄很多東西。

知識篇

為什麼說星座命盤是一個人生命預兆

　　星座命盤，即出生圖，人出生的那一刻，在出生所在地，和天空中的星體排列位置一模一樣的天宮圖。這其中主要包括太陽、月亮、水星、金星、火星、木星、土星、天王星、海王星和冥王星十大星體以及這些星體和黃道的位置關係。

　　要畫出個人的星座命盤，首先要知道自己的出生時間，然後轉化為格林威治標準時間，再查出出生地點的精確經緯度。做好這些準備工作後，再去對照星曆表——查清當時當地各星體的確切位置，從而計算出它們之間的角度，與黃道的角度，由此可以繪製出個人星座命盤了。不過，現在有很多軟體可以輕鬆畫出個人星座命盤及確切的時間和地點。

星座命盤是占星學的重要依據，個人的出生圖是一個人的生命預兆。透過星座命盤可以瞭解個人的性格、健康、財富、婚姻、事業和人生未來各種可能發生的事情。可以說，星座命盤是占星學的基礎，沒有星座命盤，各種預言和論斷根本無從談起。

什麼是黃道？

我們經常聽到「黃道吉日」的說法，那麼黃道究竟是什麼呢？

眾所皆知，地球繞著太陽公轉，方向自西向東，一年一圈。在地球上看太陽，太陽只是在星河中緩慢移動著位置，自西向東，一年移動一個大圈。黃道就是太陽在地球上的路徑。從幾何學上來說，把地球公轉的軌跡所在的圓無限擴大為一個平面，那個這個平面和天球相

交的那個大圓就是黃道。

　　所有的太陽行星圍繞太陽公轉的時候，軌道和地球公轉軌道之間的角度都非常小，除水星與黃道的軌道傾角達到7度外，其他行星都在1度～3度之間，這就意味著，所有行星都在黃道兩側不遠的天空，所以黃道在占星學上有著特殊的研究價值。冥王星以前被稱為第九大行星，它與黃道的軌道傾角超過17度，於是在2006年8月被國際天文學聯合會取消了行星資格。

　　提起黃道，不得不說到黃道12星座，它們分別是雙魚座、白羊座、金牛座、雙子座、巨蟹座、獅子座、處女座、天秤座、天蠍座、射手座、摩羯座、水瓶座。我們經常說某人是哪個星座的，其實就是這個人出生時段恰好有個星座是看不到的，那這個人就會被稱為這個星座的人。

為什麼宮位與人的日常生活息息相關

宮位主要應用於出生星座圖。如果假設地球固定不動，每過兩個小時其他天體相對於地球的位置就會移動一段距離，這就是一個宮位。一天有24個小時，十二個宮位，也就是說，出生星座圖的大圓圈被分成十二個等分，每個等分為一個宮位。

宮位和人的日常生活息息相關，每個宮位都有特殊的含義。簡單而言，十二宮位對生命有如下影響：

第一宮被稱為命宮、上升宮位，代表性格和健康；第二宮稱為財帛宮，代表著物質資源；第三宮稱為兄弟宮，代表著人際關係和教育；第四宮稱為天底、田宅宮，代表著家庭和私生活、晚年環境；第五宮稱為男女宮，代表

著創造力和愛情；第六宮稱為工作宮，代表著工作和發展；第七宮稱為婚姻宮，是下降星座，代表婚姻和契約關係；第八宮稱為疾厄宮，代表生、死、性和遺產；第九宮稱為遷移宮，代表著高等教育和理想；第十宮稱為天頂，又被稱為官祿宮，代表著政治、信譽、聲望；第十一宮稱為福德宮，代表著精神方面的追求；第十二宮稱為玄祕宮，代表著逃避、自我犧牲和潛意識。

怎樣透過相位看星體之間的相互影響

所有事物都不是孤立存在的，而是相互影響的，相位就是研究這種相互作用力的工具。相位即出生的時候，各個星體之間的夾角。各種不同的角度在命盤上情況非常複雜，主要有以下幾種相位：

1、合相

　　兩星體的夾角接近0度，可以有8度～12度的誤差，會增加力量，是很有力的相位。但吉凶情況要看兩星體的特性，如果兩星體的特性相互融合，就能加強彼此的力量，如果兩星體的特性衝突，就會產生負面影響。例如，木星和金星的合相會大大增強幸運值，而火星和土星的合相則容易產生不協調。

2、六分相

　　兩星體間夾角成60度，可以有2度～7度的誤差，這是個良好的相位，代表著兩星體之間的協調，如果是夫妻和朋友的話，那就再好不過了。

3、四分相

　　兩星體間夾角成90度，可以有5度～8度的誤差，一般來說，這是一個非常不利的相位，代表衝突。如果一個人的命盤中出現多個四分

相，我們就說這個人是個苦命人，諸事不順。不過，也有例外，如果情侶的命盤合盤出現四分相，並且正好是金星和火星的關係，表明會出現一見鍾情的彼此吸引力。

4、三分相

兩星體間夾角成120度，可以有4度～8度的誤差，和六分相相似。這是一種良性相位，給人自然而然，不用費力就成事的感覺，而且比六分相具有更強的感應能力。不過需要注意的是，如果一個人的命盤中只有三分相和六分相的話，並非好事，表示此人軟弱膚淺。

5、對分相

兩星體間夾角成180度，可以有6度～12度的誤差，這顯然是一個不良的相位，容易造成關係緊張。解決這種相位的辦法就是尋求平衡點，多和對方溝通，努力找到暫時的和諧。不過，從另一個方面來說，偉大人物的對分相一

般比常人多。可見，只要有毅力，挫折會成為成長的階梯。

當然，很少有相位正好就是這幾種的精準數值，一般來說，誤差越小，相位的特徵就會更明顯，例如，59度就比66度更明顯具有六分相的特徵。

如何計算相位角度呢？我們可以看看下面這個例子。

問：雙子座29度的金星和獅子座14度的月亮之間的度數。

答：雙子座30度結束後就是巨蟹座，接下來是獅子座，所以兩顆星相距如下：雙子座30度-雙子座29度＋巨蟹座所占的30度＋獅子座14度＝45度。因此，案例中的金星和月亮相距45度。換句話說，它們存在著45度角的相位關係。

十大星體對人的命運有什麼影響

十大星體即太陽、月亮、水星、金星、火星、木星、土星、天王星、海王星和冥王星。這十大星體與地球的聯繫最為密切，對地球上的生命影響也最為明顯，所以占星學上十分重視十大星體。

從占星學上來說，不同時間、不同地點出生的人都有自己的主宰星體，這是研究個人命運的重要線索。不同的星體代表著不同的意義，即使同一星體也會表現出不同的觀測重點。

1、太陽

太陽是太陽系的中心，是生命的賦予者，表現為活力和創造力，象徵陽剛之氣。太陽表現為對別人的影響力和自己的行動力，是具有

原動力的星座。所以，受太陽主宰的人，都會表現出勇氣和創造力。

2、月亮

如果說太陽是父親的話，月亮就是母親，它代表著人的情緒和情感，有著同情心和溫和細緻的一面。月亮好的一面在於包容心和耐心，如果位置不利的話，就會表現出偏見和狹隘。

3、水星

水星代表敏捷和衝勁，如果星座命盤上水星得到加強，說明此人靈活且具有智慧，反應能力出眾，理解能力和表達能力都很優秀。如果一個人的星座命盤缺少水星的照顧，容易變得木訥，缺乏應變能力。

4、金星

金星代表精神層面，尤其是美感和愛情。金星是個人魅力的寫照，影響社交能力和物質

欲望。正面的影響可以帶來美貌和吸引力，負面影響則會讓人意志消沉，難以承受挫折和打擊。

5、火星

火星代表開拓能力和冒險精神，對男性的影響尤其明顯。一個人是不是具有侵略性，適合開創事業還是守成，都與火星特性息息相關。火星的負面影響，容易讓人脾氣暴躁，缺乏耐心。

6、木星

木星是舒坦的星球，代表樂觀和幸運。這顆最大的行星12年才悠閒地繞太陽公轉一周，寓意悠然自得。當然，也不是沒有負面影響的時候，搞不好容易貪圖享受或者麻痺大意。

7、土星

與木星相反，土星代表緊繃的神經。一般而言，土星給人冷漠的感覺，但反過來說，也

代表責任和可靠。土星有著強勢權威的一面，也有著穩守秩序、一步一腳印的踏實之處。另外，土星也關係著晚年的一些事情。

8、天王星

天王星代表個人英雄主義，是個性的象徵。天王星是不守規則的星球，不按常理出牌，個人性格對事物的影響比較強烈，既表現出好奇心強、勇於創新的一面，也容易走向孤僻而怪異。

9、海王星

海王星是想像力的象徵，代表神祕的一面，往往和藝術類的事情相聯繫。直覺力強是海王星的顯著特徵，但有時候會失去理智，感情用事。

10、冥王星

冥王星代表黑暗的一面，權勢、殘暴、性欲相關的事情受冥王星影響。冥王星既展示野

心的一面，也展現韌性的一面，是個非常具有
力量的星球。

什麼是星座四象？

在東方，有金、木、水、火、土五大元素
的說法，人們喜歡拿這五大元素的相生相剋來
解釋事物。在西方，則有火、土、風、水四大
元素的區別，可謂異曲同工。

星座四象把十二星座依四大元素根據不
同的影響力劃分為四大類：火象星座、土象星
座、風象星座、水象星座。火象星座包括白羊
座、獅子座、射手座；土象星座包括摩羯座、
金牛座、處女座；風象星座包括水瓶座、雙子
座、天秤座；水象星座包括雙魚座、巨蟹座、
天蠍座。

火元素是燃燒的，給人溫暖，代表明快和

熱情。所以，火象星座的人有著強烈的感情和直率的辦事方式。他們精力充沛，行動力強，但是熱情有時候來得快，去得也快，容易失之草率。

土元素是人類的立身之本，萬物的養分來源，代表踏實和穩重。土象星座的人比較冷靜和理智，感情真摯而厚重，是非常注重實際的一類人。但是土象星座的人也會比較壓抑，過於小心謹慎，衝勁不足。

風元素給我們呼吸，代表自由和敏捷。風象星座的人思維敏捷。表達能力強，具有豐富的想像力，但有時候會不穩定，比較情緒化。

水元素是我們的血液，灌溉人類的內心，代表細膩和敏感，水象星座的人十分感性，洞悉力強，對周遭的事物都感同身受，他們溫柔而富有同情心，敏感而有浪漫情懷，脆弱而具有韌性。

為什麼說本位、固定和變動是星座的三大特質

　　如果僅以星座四象來研究星座和人生的聯繫，顯然過於粗糙。占星學依照星座在變化方面的特質分為本位、固定和變動三大特質。這三種特質與四大元素相結合，形成了十二星座，每種星座都有各自獨有的特徵。

　　所謂本位，也叫基本宮，即最原始的狀態，是事物最單純的形態。

　　固位也稱為固定宮，就是最穩定、不容易改變的特質；所謂變動，又叫變位宮或變通宮，適應能力強，善於協調自身和周圍的關係。

　　本位星座包括白羊座、巨蟹座、摩羯座、天秤座；固定星座包括金牛座、獅子座、天蠍

座、水瓶座;變動星座包括雙子座、處女座、射手座、雙魚座。

本位星座的特徵:保守、踏實而冷淡。他們會儘量避免一切有風險的行為,相信按部就班、穩紮穩打能帶來成就。他們擅長規劃,設計的步驟不會有什麼差錯。他們缺乏安全感,性格沉穩。在私生活方面,他們比較低調,不好張揚;在談吐方面,他們也可算是滴水不漏,每句話出口前都會經過思考。雖然火相的白羊座有時候會表現得比較急躁,但是其本質仍然傾向於保守冷淡。

固定星座的特徵:高傲、自信而孤僻。他們比較相信自己的判斷,不容易接受別人的意見,一旦和別人意見相左,會顯示出高傲的一面,對別人不加以理睬,比較難以溝通。雖然他們的意見往往是對的,但少有耐心講出自己的原委,容易變得比較孤僻,甚至會有自戀

的傾向。他們雖然愛恨分明，但不會輕易介入是非之中，而是把想法留在心裡。他們很在意穩守自己已得的物質和思想，絲毫受不得別人的冒犯。

變動星座的特徵：靈動、活躍而焦慮，好奇心強烈。他們喜歡變化，熱愛冒險，一方面能很快地適應地理和人事環境，另一方面又表現出極不穩定。他們自省能力強，既能讓他們更好地適應變化，又會表現出焦慮不安的情緒。這類人富有學習精神，容易受到榮譽和物質欲望的吸引。

十二星座對人的命運有什麼影響

通常來說，我們談論的星座是指太陽星座。2000多年前古希臘的天文學家西巴克斯為標示太陽在黃道（太陽運行的軌道稱為黃

道）上運行的位置，將黃道平均劃分為12個區，每個區為30度，並以區內包含的主要星座來命名。這12區就是我們所說的太陽星座，也就是十二星座。

十二星座以春分點為零點，即太陽每年在3月21日左右運行至春分點時開始排序，依次是白羊、金牛、雙子、巨蟹、獅子、處女、天秤、天蠍、射手、摩羯、水瓶、雙魚。

一個人出生時，太陽在黃道上所處的區域位置，就是該人的太陽星座。同一星座的人，在性格特徵、行為方式等方面有若干相似之處，由此可看出星座對人的影響。

十二星座按西曆劃分：

白羊座：3月21日～4月20日

所在星宮：第一宮，主管外顯性格、外貌形

象、行動、表達模式。

宮位含義：生命與自我　人生法則：繁榮

自然元素：火象星座　基本能力：開創力

守護行星：火星　自我宣言：我是（……）

守護神：戰神馬魯斯　幸運石：鑽石

金牛座：4月21日～5月20日

所在星宮：第二宮，主管經濟狀況、金錢價值觀、處理財物的能力、所擁有的資源等。

宮位含義：愛與真善美　人生法則：豐富

自然元素：陰性土象　基本能力：親和力

守護行星：金星　自我宣言：我有（……）

守護神：愛神維納斯　幸運石：紫水晶

雙子座：5月21日～6月21日

所在星宮：第三宮，主管學問、知識、表達力、兄弟手足。

宮位含義：溝通與諮詢　人生法則：互補

自然元素：陽性風象　基本能力：溝通力

守護行星：水星　自我宣言：我想（……）

守護神：掌管信息之源的漢密斯　幸運石：黃水晶

巨蟹座：6月22日～7月22日

所在星宮：第四宮，主管母愛、感受力、想像力和生產力。

宮位含義：家庭　人生法則：愛

自然元素：陰性水象　基本能力：滋養性

守護行星：月亮　自我宣言：我感覺（……）

守護神：女神戴安娜　幸運石：黃水晶

獅子座：7月23日～8月22日

所在星宮：第五宮，主管愛情、子女、賭運、休閒娛樂、創作能力等。

宮位含義：愛情與創造　人生法則：快樂

自然元素：陽性火象　基本能力：影響力

守護行星：太陽　自我宣言：我要（……）

守護神：太陽神阿波羅　幸運石：紅寶石

處女座：8月23日～9月22日

所在星宮：第六宮，主管工作、飲食、健康、身心平衡等。

宮位含義：工作　人生法則：完美

自然元素：陰性土象　基本能力：服務性

守護行星：水星　自我宣言：我分析（……）

守護神：女神阿斯多蕾亞與農神蕾美德爾　幸運石：瑪瑙

天秤座：9月23日～10月22日

所在星宮：第七宮，主管婚姻、法律、結盟和敵對關係。

宮位含義：婚姻　人生法則：公平

自然元素：陽性風象　基本能力：合作性

守護行星：金星　自我宣言：我衡量（……）

守護神：女神阿芙羅　幸運石：藍寶石

天蠍座：10月23日～11月21日

所在星宮：第八宮，主管生死、性和祕密。

宮位含義：死亡　人生法則：火鳳凰

自然元素：陰性水象　基本能力：透視力

守護行星：冥王星　自我宣言：我渴望（……）

守護神：地獄之王布魯托　幸運石：貓眼石

射手座：11月22日～12月20日

所在星宮：第九宮，主管宗教傾向、哲學思考
和深造機會。

宮位元涵義：旅行與進修　人生法則：變與常

自然元素：陽性火象　基本能力：直覺力

守護行星：木星　自我宣言：我明白（……）

守護神：眾神之王宙斯　幸運石：黃寶石

摩羯座：12月21日～1月19日

所在星宮：第十宮，主管個人抱負、理想、事業、社會地位與權力。

宮位含義：官祿　人生法則：成功

自然元素：陰性土象　基本能力：支配力

守護行星：土星　自我宣言：我用（……）

守護神：司時神漢斯　幸運石：綠松石

水瓶座：1月20日～2月18日

所在星宮：第十一宮，主管社會抱負、理想、社團組織和社會正義感。

宮位含義：社會與正義　人生法則：分享

自然元素：陽性風象　基本能力：博愛和利他

守護行星：天王星　自我宣言：我知道（……）

守護神：天神烏拉諾斯　幸運石：紫水晶

雙魚座：2月19日～3月20日

所在星宮：第十二宮，主管潛意識、夢想和祕密敵人。

宮位含義：因果與報應　人生法則：奇蹟

自然元素：陰性水象　基本能力：同情心和包容

守護行星：海王星　自我宣言：我相信（……）

守護神：海神尼普琴　幸運石：綠水晶

十二星座符號由何而來

白羊座：山羊頭上兩隻堅挺的角

白羊座的星座符號代表山羊頭上兩隻堅挺

的角。由白羊座的神話可以聯想到一些特質，例如，勇往直前、樂觀開朗、粗心大意。

另一方面，有些占星家認為，白羊座是由兩個螺旋組成，分別代表過去與未來，中間的分割線介於新舊交替之間，所以白羊座符號象徵「新生」，表示春天大地新生、欣欣向榮的景象，或者一切從新開始。

金牛座：一張圓圓的可愛的牛臉

金牛座的星座符號以簡單的線條勾勒出牛的形象：圓圓的牛臉，尖尖的牛角。圓圓的牛臉代表一個人安逸與享樂的生活狀態，但突出的牛角又表示其內心充滿欲望，偶爾也會發些脾氣。所以說，矛盾正是金牛座的象徵。

關於金牛座星座符號的含義還有另一種說法：其中的圓形象徵古代的金幣，擴展開來，凡是能滿足人們物質需要的各種事物，都由它代表。因此，金牛座符號是收入和報酬的代號。

雙子座：象徵永不分離的雙胞胎

雙子座的星座符號象徵均衡的雙臂，代表神話中情深意重、永不分離的兩兄弟：哥哥卡斯托爾和弟弟波魯克斯。他們同心協力，贏得了無數英勇美名。

巨蟹座：好比螃蟹的兩隻大鉗子

巨蟹座的星座符號象徵人的雙臂環繞在胸前，意為心胸廣闊、渴望保護弱者、自衛能力很強。

　　另外，也有人指出，巨蟹的符號是象徵巨蟹的甲殼，由此也可看出巨蟹座所具自我保護特質和隱藏的習慣。

獅子座：一條高高揚起的尾巴

　　獅子座的星座符號象徵獅子的心和尾巴，尤其是高高揚起的尾巴，充分顯示獅子的個性。獅子是百獸之王，牠勇敢、善戰。由獅子

去聯想獅子座的特性：不斷地嘗試表達自己，發掘自己潛在的個人能力。因此，獅子座會表現出一種高貴、王者之風。這就是屬於獅子座的人類被賦予的性格。

處女座：像少女飄逸的頭髮

處女座的星座符號象徵少女飄逸的頭髮，表示永遠年輕與清純，由少女聯想處女座的特質，也可以發現一些含義，如恬靜、羞澀、謹慎等。

另外，也有人認為，處女座的符號就像一位少女手持一串穀物，而她手中的每粒穀物都象徵著在富饒的田野中收穫的智慧果實。所以，處女座也代表了聰慧。

天秤座：象徵調和與均衡的秤桿

天秤座的星座符號好似一個四平八穩的秤。秤本身代表著公平與公正，因此天秤座有追求平衡的基本觀念，是絕對要求公平、公正、合理的星座。可以說，該星座代表了調和與均衡。當秤的兩邊無法達到平衡時，左右搖晃的秤桿也表示出天秤座的優柔寡斷。

天蠍座：代表蠍子的甲殼和毒針

天蠍座的星座符號看起來就像是一隻翹著尾巴的毒蠍子。蠍子體內含有劇毒，從側面顯

示出天蠍座具有復仇的特質。

　　另外，也有人認為，天蠍座的星座符號象徵男性的生殖器，說明天蠍座具有很強的欲望。

射手座：一支具有攻擊性的箭

　　射手座的星座符號象徵狩獵人手中的箭，說明射手具有攻擊性，容易傷人。

　　另外，射手座又名人馬座。射手的原型是半人半馬的弓箭手，既擁有人類的上半身，又具有在原野上奔跑的馬型下半身。上半身象徵智慧，下半身象徵嚮往自由，由此可看出射手座的典型特點：智慧過人，愛好自由。

摩羯座：山羊頭+魚尾

　　摩羯座的星座符號象徵山羊頭和魚尾。據神話傳說，牧神因怪物的出現，驚慌跳入河裡，浸泡在水中的部分變成魚尾，而頭部變成山羊的模樣。由摩羯座的神話可以看出摩羯人的擔心和恐懼。

　　摩羯座又叫山羊座，因其上半身的山羊模樣所致。山羊是一種肯吃苦耐勞、意志力頑強的動物。所以，有「山羊」之稱的摩羯座，具有攀登絕壁的堅強意志和持久忍耐力，做事認真踏實。

水瓶座：水波或波動水面的風

　　水瓶座的星座符號象徵兩層水波或波動水面的風。象徵水瓶座的波，是高度知性的代表，由波的特性去思考水瓶座的特質，看似有規律但沒有具體的形象，是一個不可預測的星座。

　　所以，水瓶座也因此成為十二星座中最複雜的超級大問號。

雙魚座：用繩帶連結的兩條魚

　　雙魚座的星座符號表示用繩子連接的兩條魚。一條順流而下，一條逆流而上，但因中間

有條線相連，無論怎麼用力，他們還是無法分離。

　　兩條魚分別游向兩個方向，明顯地點出雙魚座的雙重個性，也象徵了雙魚座的矛盾和複雜。

十二星座的星空長什麼樣

 白羊座

時間	每年12月下旬，冬天清冷的夜晚
方位	抬頭，面向南方
黃道位置	位於黃道0°起到30°前的區間
特徵	一個大三角圖案，看起來好像是一隻山羊正在往後看，那就是白羊座

 金牛座

時間	每年1月下旬，嚴冬時節
方位	天空中央
黃道位置	位於黃道30°起到60°前的區間
特徵	一個形似牛體的星座，這就是金牛座

 雙子座

時間	每年3月上，春寒料峭時
方位	天空南方
黃道位置	位於黃道60°起到90°前的區間
特徵	貌似兩個男子並肩而靠的星群，這就是雙子座

巨蟹座

時間	每年3月下
方位	天空中央偏向南方，大約15°角
黃道位置	位於黃道90°起到120°前的區間
特徵	有一個隱約可見的星團，這就是巨蟹座

獅子座

時間	每年4月下
方位	天空南方
黃道位置	位於黃道120°起到150°前的區間
特徵	一個像問號的星團，這就是獅子座

處女座

時間	每年6月下
方位	天空南方
黃道位置	位於黃道150° 起到180° 前的區間
特徵	有一個少女姿態的星座，這就是處女座

 天秤座

時間	每年7月上
方位	天空南方
黃道位置	位於黃道180° 起到210° 前的區間
特徵	有一個像天秤形狀的星座，這就是天秤座

天蠍座

時間	每年8月下，夏末秋初
方位	天空南方
黃道位置	位於黃道210°起到240°前的區間
特徵	16顆金光閃閃的星星組成的S形，那就是天蠍座

 射手座

時間	每年9月上
方位	在南方地平線附近
黃道位置	位於黃道240°起到270°前的區間
特徵	與天蠍座遙遙相望的就是射手座。射手座無時無刻都指著天蠍座的心臟

摩羯座

時間	每年9月下
方位	在西南方向的天空中
黃道位置	位於黃道270°起到300°前的區間
特徵	一個倒立的大三角形，這正是摩羯座。並排在上方的兩顆小星星是山羊的角，而中間側面的是魚尾巴

 水瓶座

時間	每年10月中
方位	天空南方
黃道位置	位於黃道300°起到330°前的區間
特徵	在飛馬和雙魚座之間，四星排成「Y」字形即瓶口，其他星星組成瓶身，形成了美麗的水瓶座

雙魚座　

時間	每年11月下
方位	在頭頂偏東邊的天空
黃道位置	位於黃道330°起到0°前的區間
特徵	兩條魚相對，且中間像用一條繩索相連，暗示著心智與身體的緊密相連，這就是雙魚座

怎樣透過笑話讀懂十二星座

不穿小褲褲的白羊

羊媽媽常常教育小羊羊：「妳穿裙子的時候千萬不要盪鞦韆；否則，妳的小內褲會被小男孩看到哦。」

忽然有一天，小羊羊興高采烈地跑過來對羊媽媽說：「我今天和小明比賽盪鞦韆，我贏

了他耶！」

羊媽媽很生氣：「我不是早就警告過妳了嗎？穿裙子的時候千萬不要盪鞦韆！」

小羊羊得意地說：「我知道啊！我記住媽媽的話了，所以我在盪鞦韆時候，把裡面的小褲褲脫掉藏起來，這樣他就看不到我的小褲褲了。」

——粗心大意而又勇敢坦率的白羊

笨笨又壞壞的金牛

路邊賣西瓜的小販：「又便宜又甜的西瓜哩，不甜不要錢！」

路過且饑渴交迫的牛牛：「哇，竟然有那麼好的事！老闆，給我來個不甜的。」

——貌似愚鈍卻打著如意算盤的金牛

找藉口睡懶覺的雙子

媽媽對正在睡懶覺的雙雙大吼：「趕緊起床，公雞都叫好多遍了！」

雙雙懶洋洋地說：「公雞叫關我什麼事啊？我又不是母雞。」

——對問題進行思索、自我意識比較強烈的雙子

愛纏著媽媽的巨蟹

蟹蟹一家三口搭公車，蟹蟹突然對媽媽撒嬌說：「今晚我要和媽媽睡。」

蟹媽媽取笑道：「將來你娶老婆了怎麼辦？還和媽媽睡啊？」

蟹蟹想也沒想：「當然。」

蟹媽媽又問：「那你老婆呢？她一個人怎麼辦？」

蟹蟹看了看蟹爸爸，突然想出了一個好辦法：「那簡單，讓她跟爸爸睡。」

蟹媽媽：「什麼！」

再看蟹爸爸，他早已激動得熱淚盈眶了。

——依賴他人，有著戀母情結的巨蟹

亂搗蛋的獅子

小獅獅和爸爸媽媽去參加奶奶的壽宴。

在看到壽包時，獅獅好奇地問道：「壽包好像屁股耶，我們為什麼要吃這種奇怪的東西呢？」

眾獅子聽了無不冷汗直流。

誰知獅獅並不就此甘休，他撥開壽包，看到裡面有豆沙，大聲說：「快看！裡面還有黑黑的大便呢。」

眾獅子狂吐。

——特立獨行、不顧及他人感受的獅子

糾結於肚臍形狀的處女座

囡囡對自己肚臍眼研究了半天，覺得很奇

怪，就問爸爸。

爸爸從醫學角度，把臍帶連著胎兒與母體的道理簡單地講了一下：「你離開媽媽的身體之後，醫生就把那條臍帶剪斷了，並打了一個結，後來就變成了肚臍眼。」

因因追問道：「那麼，醫生為什麼不打個蝴蝶結呢？那樣更漂亮啊。」

——好奇心重又追求十全十美的處女座

會「計算」的天秤

父親高興地對天天說：「天天，昨天晚上你媽媽給你生了兩個弟弟，你今天就不用去上學了，到時候你給老師說一下就行了。」

天天卻天真地回答：「爸爸，我只說媽媽生了一個好不好？另外一個，我想留著下次不想上學的時候再說。」

——有點小聰明、對利弊權衡得很精確的天秤

行為怪異的天蠍

蠍蠍好不容易睡著，就被蚊子吵醒了。

他起來拍蚊子，卻怎麼也拍不中。最後沒辦法，蠍蠍只能指著蚊子説：「好吧，既然你不肯出去，那麼我出去。」説完就走出房間，並把門關得緊緊的，還得意洋洋地説：「哈哈，我今晚就不進去了，非把你餓死不可。」

——不按常理出牌、經常讓摸不著頭腦的天蠍

認真又愛思考的射手

射射認真地問：「老爸，為什麼你頭上的白頭髮那麼多呢？」

爸爸佯裝一本正經：「因為你總是不聽話，老惹我生氣，所以我的頭髮就變白嘍。」

射射：「……」（認真思考中）

射射：「哦，那麼我知道了爺爺的頭髮為什麼全白了。」

爸爸：「我……」

——認真、愛思考的射手

頑固到少一根筋的摩羯

有一天，羯羯和媽媽正走在路上。突然，天空下起雨來。

羯媽媽急忙拉過羯羯的小手說：「羯羯，下雨了，我們得趕緊跑回家。」

羯羯慢吞吞地問：「那麼前面就不下雨了嗎？」

羯媽媽：「呃……」

——慢性子、耐心而又固執的摩羯

幽默而另類的水瓶

瓶瓶問：「媽媽，你為什麼稱蔣先生為『先人』呢？」

媽媽說：「因為『先人』是對已經去世的

人的稱呼啊。」

瓶瓶說：「那我是不是該稱去世的奶奶叫『先奶（鮮奶）』呢？」

媽媽聽完差點暈倒。

——頭腦中總閃爍著稀奇古怪的念頭的水瓶

感情豐富的雙魚

一天，魚爸爸給魚魚講他小時候因為家裡窮經常挨餓的事情。

魚魚還沒聽完就淚汪汪了，同情地看著爸爸問：「哦，爸爸，原來你是因為沒飯吃才來我們家的嗎？」

——易於輕信他人、愛幻想的雙魚

為什麼金牛座缺乏安全感

金星是金牛座的守護星，所以金牛座是保

守型的星座。他不喜歡變動，安穩是他的生活態度。

　　金牛座的人不會急躁衝動，只有忍耐，「吃得苦中苦，方為人上人」正是他們的真實寫照。而且他們非常頑固，一旦決定了某事就不喜歡改變。

　　由於缺乏安全感，失業是金牛座最怕面對的問題。一旦失業，代表著他們的生活失去重心。金牛座男人有潛在的大男人主義，在家中他們不多發言，但很重視尊嚴。而金牛座女人除了關注現實外，還喜愛打扮自己，因為金牛座的守護神就是愛與美的化身（維納斯）。他們屬於慢熱型，需要花一段時間才會適應一份感情、一份工作、一個環境，但適應之後，他們很少會改變，除非迫不得已。

　　金牛座的人是有藝術細胞，具有高度欣賞任何藝術的品味和能力。

　　總之，金牛座的人個性溫和又堅實，性情沉著而踏實。對事物雖然猶豫不定，但是一旦決定下來，就能以堅忍不拔的精神，執著向前。

　　他們佔有欲強，比較喜歡追求物質上的滿足，而且凡事追求完美，是一個藝術設計及園藝方面非常有才氣的人。金牛座的人為人幽默、風趣，常能得到朋友的青睞。

為什麼雙子座需要不停變換環境

　　思維多變是雙子座的人性格上的主要特徵。他是個心神不定、總想到「別處」去的人。其思維敏捷，但有時也會缺乏冷靜的權衡。雙子座的人需要不斷地變換環境，例如，外出旅行、與別人交流思想，或者在各個方面表現自己，否則他們會感到煩躁不安。

雙子座的人聰明伶俐，有些輕率和神經質。他們常常沉湎於令人難以理解的意念之中，只喜歡做他感興趣和使他開心的事。

他們聰明機智，有辯才，是一個謀略家和演說家。

雙子座的人對世上發生的事情無所不曉，頭腦中充滿著許許多多新奇的想法，但很難將其付諸實現。他們不是半途而廢，就是被同時出現在腦海中的兩個或更多個新想法弄得不知所措，進退兩難。他們的想法和建議，往往會被思想比自己更實際、更富有持之以恆精神的人所採納。不過，原則上他總是一個開創通往成功之路的人。

雙子座的人多半喜歡把自己的才智用於事業方面，而不願意用以擴大自己的物質利益。他的靈光一閃常常會有助於他事業上的發展。

這一星座的人還有一個顯著的特點：特別

善於改變自己朋友的積極性。

雙子座的人適合從事文學、商業及需要語言表達能力的職業。在這些方面他能脫穎而出。另外，在新聞、攝影、旅行等需要機智、靈活和果敢的工作中，以及涉及人際關係方面的工作，他會表現出非凡的才能。

為什麼巨蟹座情緒陰晴不定

巨蟹座的人天生具有旺盛的精力和敏銳的感覺，道德意識很強烈，對欲望的追求也總能適度地停止。他們有精闢的洞察能力，自尊心很強，同時也生性慷慨、感情豐富，樂意幫助需要幫助的人，並喜歡被需要與被保護的感覺。

大部分巨蟹座的人都比較內向、羞怯，雖然他們常用一種很表面的誇張方式來表達情

感，但基本上他們缺乏自信，也不太能適應新環境。即使巨蟹座的人對新鮮事物很感興趣，但其思想卻很傳統、戀舊，似乎看來有些雙重個性。

巨蟹座是十二星座中最具有母性的星座，男性亦然。他們和善、體貼、不記仇，對家人與朋友非常忠誠，記憶力很好，求知欲很強，順從性強，想像力也極其豐富。

巨蟹座的人的情緒就像月亮的陰晴圓缺一樣。他們經常沒由來地大發脾氣，對別人的問話，會隨自己的心情解答。心情好的時候可以成為最好的聽眾，充分發揮自己體諒、周到的美德。

其實，只要巨蟹座的人學會控制情緒，就可以將力量轉化到正確的方向上。對他們來說，情緒搖擺不定時，只有待在家中才可以安定下來。

天秤座最大的缺點是什麼

天秤座的人天生具有理想主義和現實主義。他們個性堅強，具有靈活而好質問的腦子，常有非凡的構想。他們不喜歡爭執，有時為了避免爭執和不愉快的事情發生，喜歡採取避重就輕的方法解決問題。天秤座的人的最大缺點就是優柔寡斷。

「船到橋頭自然直」的觀念在天秤座的人腦中根深蒂固，因而遇到棘手的麻煩時，他們總是一拖再拖，甚至愛理不理，容易給人懶散的印象。但是，真正的天秤座的人並不像外表那麼柔弱，一旦目標確定時，他們會勇往直前，故而多半都能得到他所想要的。

天秤座的人天生好客，並且擅長社交活動。他們的家總是佈置得美觀而舒適，讓客人

有賓至如歸的感覺。

　　然而，天秤座的人很難有發自於內心的戀愛。他們不甘寂寞的個性，常在毫無準備的情況下就接受了別人的感情。

　　天秤座的人一般適合從事任何工作，骯髒、氣氛不佳的工作環境不包括在內。他們天生具有藝術細胞和創造力，有令人讚賞的音樂及藝術天賦，假使能控制對享樂的沉溺，必可獲得此方面的成功。

為什麼射手座是充滿陽剛氣息的星座

　　射手座的人崇尚自由、無拘無束及追求速度的感覺，生性樂觀、熱情，是個享樂主義派。射手座的守護星是希臘神話中的宙斯──宇宙的主宰和全知全能的眾神之王。所以，射手座的人是完美主義者，他們有陽剛的氣息、

寬大體貼的精神，重視公理與正義的伸張。

　　射手座的人幽默、剛直率真、對人生的看法富含哲學性，也希望能將自身所散發的火熱生命力及快感，感染到別人。所以，他們人緣通常都很好。他們外向、健談、喜歡新的經驗與嘗試，尤其是運動及旅行。

　　射手座的人不肯妥協，嚮往自由，同時又具備人性與野性，精力充沛且活動力強，有著遠大的理想，無論何時何地都不會放棄希望和理想。

　　在愛情方面，射手座的人都擁有大膽、積極的作風，可以為生活帶來無窮的樂趣。在健康方面，射手座的人新陳代謝機能發達，因此胃口很好。

　　在財運上，射手座的人財運很好，在工作方面及娛樂方面，都可獲得金錢方面的收入。在事業上，射手座的人所經營的事業，是崇尚

變化、自由的職業。

摩羯座真的對一切都不在乎嗎？

　　摩羯座的人討厭自己的點子與別人相同，如果不幸相同，他們一定會在同一個點子上想出無人能及的花招，尋出獨一無二的看法。他們並非想做「第一名」，只是摩羯座的人受不了有人跑在他們前面。

　　追求高難度的理想使摩羯座的人充滿鬥志。他們認為人生要有意義，即使為此搞得頭破血流、妻離子散，也絕不放棄。

　　摩羯座的人有領袖的實力與氣量，但是，他們懶得去處理萬機，尤其討厭周旋在權力鬥爭中。因此，掛冠而去是很快的事。

　　摩羯座的人不容易放鬆神經，但他們也會以自嘲的方式來疏解自己的情緒。事實上，在

自嘲的範圍之外，摩羯座的人是很不能接受別人開他們玩笑的。因此，他們欠缺幽默感。或者說，他們無法隨時隨地運用幽默感來潤滑人際關係。

他們常毫不禁諱地表露出「我很在乎」的樣子，即使常會迅速地裝出「我才不在乎呢」，但一眼就會被他人看穿。

當摩羯座的人愛上你的時候，一定顯得果敢無比。在他們眼中，愛就是愛，不愛就是不愛，有什麼好猶豫呢？你大可享受他那種馬力十足的求愛速度。不要拖延，因為拖延會使他們突然覺得一切都是假的。

摩羯座的人追求愛情的時候，愛情對他們最為重要，事業或理想都變得不值一提。但是，當他們正全力為事業衝刺時，也會對愛情和所謂的理想感到乏味。當然，一旦他們鎖定目標，追求一個理想時，愛情與事業皆可拋。

為什麼雙魚座總會為別人
犧牲自己的利益

雙魚座是十二星座中的最後一個，也是古老輪迴的結束。所以，它總是陷入靈與欲之中，退縮在一種自創的夢幻世界之中。雙魚座的人愛做夢，無時無刻都在幻想，也常將這種情緒帶到現實環境中，因而總顯得有些不切實際。不過，他們很善良，有著捨己為人的奉獻精神。

雙魚座是個古老複雜的星座，包含著太多的情緒，所以在情緒方面起伏較大，矛盾、敏銳，感性、詩情和細緻的觸覺，在種種衝擊之下，能夠產生無與倫比的藝術天才。在人們所研究的古典音樂大師中，雙魚座是十二個星座中人數最多的。

　　雙魚座的人溫情、靈活而且神祕。粗暴的言行會使他們的精神受到強烈的刺激，他們希望自己的周圍充滿和諧友愛的氣氛。和藹可親的特性會讓他們得到所有人的好感，但過分的真誠和善良有時會使他們陷入「奴隸」地位。

　　實際上，他們經常處在需要獻身或做出犧牲的情況下。生活中，他們很容易受到別人的蠱惑和影響。

　　雙魚座的人的身體很容易疲勞。雜訊、熙熙攘攘的人群、匆忙以及緊迫的生活節奏，都會使他們筋疲力盡。如果在他們的生辰天宮圖中沒有更富激勵性的火星或天王星方位的影響，那麼他們的漫不經心會變成惰性。

　　雙魚座的人財富觀念相當淡薄，他們常常處於不穩定狀態，有時生活很寬裕，有時經濟拮据。這種不穩定常常會給他們帶來煩惱。每當這個時候，他們總想迴避和逃脫。

　　雙魚座的人有可能終身都充滿著幻想，他們最好選擇需要幻想或想像的職業，音樂、藝術創作、電影、電視、戲劇，尤其是舞蹈。另外，海洋環境或與水有關的職業對他也十分有利。

誰是十二星座裡的自戀狂

第一名：水瓶座

　　透過愛自己來愛世界，這是水瓶座的人生信條。如果一個人連自己都不愛，那怎能愛別人呢？水瓶座就是這樣暗示自己的。他們總是在審視自己的內心，並且越來越愛自己，包括自己的外貌、自己的世界觀、自己的家，進一步愛上自己愛的人，自己愛的人的想法，自己周邊的事物。總之，一切是以自己為起點。水瓶座給人的迷惑之處在於，他們有時也表現出

愛自己以外的事物。

第二名：處女座

處女座是很細膩的星座，他們最不能忍受馬馬虎虎，他們的細心會本能地產生對別的星座隨意的排斥。久而久之，他們就只會越來越相信自己，讓別人辦什麼事都不會放心，總要自己親自做才覺得可靠。所以，處女座的人一旦看到別人犯錯，就會說：「看，如果照我說的辦該多好啊。」

第三名：雙子座

雙子座比較好玩，而且喜歡和自己玩，他們的聰明靈活給了他們自戀的資本。如果在一起玩遊戲的話，雙子座總是優勝者，那麼他們就會自我感覺良好，有些飄飄然。總而言之，他們總覺得只有自己才能和自己玩在一塊，別

人總是差那麼一點默契。除了遊玩娛樂外，雙子座在衣著打扮上也總會表現很好的品味，在人群中比較醒目，這也是雙子座自戀的另外一個途徑。

第四名：獅子座

與雙子座的自戀不同，獅子座的自戀則更多地表現在工作、事業上，孤芳自賞、高高在上、好發號施令，是獅子座自戀的表現形式。獅子座的自戀是建立在自信的基礎上的，雖然有時候這種自信很盲目。

獅子的自戀有時候給自己很強的進取心，有時候又會引起周圍人的反感。要知道，獅子的自戀會使他排斥別人的意見，而如果別人都對他言聽計從的話，他又會瞧不起別人，越發自戀。

第五名：天秤座

天秤座的自戀最容易表現為吹牛。他們總是沉溺於過去的小成就當中，然後自己潛意識進行加工整理，最後誇大地講出來，而且往往連自己都搞不清真假。所以，與其說他們愛自己，不如說他們愛自己的幻想。

哪些星座控制不住自己的壞脾氣

俗話說氣大傷身，不利健康，但總有一些人控制不住自己的脾氣。從星座角度講，以下幾種人經常發脾氣，且氣勢嚇人：

第一名：獅子座

和獅子座的名稱一樣，獅子座的人發起火來就是「獅子吼」，可見其驚人程度。火爆脾氣的獅子座最不能容忍工作上的失誤，如果有

人在工作上麻痺大意，支配欲強的獅子座就會對這種失去控制的局面極為不滿。另一個令獅子座發火的事情就是讓他丟面子，如果不給足他面子，他就會發作起來。

獅子座發火的時候，其他人最好保持沉默，不論是辯解還是認錯，都會引來他的新一輪轟炸。不聽勸解，是獅子座的脾氣裡的另一個重要特質。

第二名：巨蟹座

如果說十二星座對應七宗罪的話，那麼巨蟹座對應的就是憤怒。巨蟹座的人，不論男女，情緒都很不穩定，一會痛哭，一會歡笑。巨蟹座的男人疑心都比較重，對誰都不放心，一旦發起脾氣來，千萬不要和他硬碰硬，否則就會遭到他瘋狂的攻擊。而巨蟹座的女人比較愛嘮叨，雖然她們心地比較善良，但是嘴上很

厲害,所以不要和巨蟹座的女人做口舌之爭。

第三名:雙子座

雙子座的脾氣用火爆來形容不太貼切,確切地來說,雙子座的脾氣是急躁。他們總是希望用最高的效率來得到最好的結果,慢吞吞的辦事風格很容易激怒雙子座。有時候,雙子座發脾氣又會純粹是孩子氣的表現,心底有一點點不高興就會亂發洩一通。不過,他們發完脾氣就什麼事都沒有了,不會持續很長時間。

第四名:白羊座

白羊座其實是比較好相處的一個星座,他們熱情而純潔,率真而坦誠。但是,白羊座發起火來會比較嚇人,他們的爆發力很強,一般會有摔打東西的表現。所以,白羊座的人發火,大多家裡的擺設會遭殃。

第五名：天蠍座

如果說別的星座發脾氣是被動的，是被別人冒犯的話，那麼天蠍座就是典型的沒事找事型。天蠍天生帶有攻擊性，會主動挑釁別人，總希望別人按自己的想法來。他們自以為是，又死不認錯，即使意識到自己不對，也要和人爭得面紅耳赤，往往爭得最後，事情的起因變得不重要，就是為了勝負。所以，天蠍座發起脾氣來很難纏。

哪些星座是時尚指標人物

哪些星座會比較時髦，喜歡追求流行時尚呢？雖然只從十二星座的劃分上來看，有點籠統，但也可以簡單地看出一點端倪。

第一名：雙子座

最愛趕時髦的星座，非雙子座莫屬。雙子座是個比較好玩的星座，他們有強烈的好奇心，如果看到比較新穎的打扮或者協調的搭配，他們就會自己去嘗試，如果加上他們自己的一點心得，受到別人的讚美的話，就會更加樂此不疲。

不過，他們並不會追求奇裝異服，而是追求簡單、大方的感覺。所以，在別人眼裡，雙子座是很新潮、很前衛，也很舒坦的，至少在穿著打扮上，他們會是朋友、同事羨慕的對象。雙子座的幸運色是淺藍色和黃色，所以雙子座的男女可以多選擇這兩種顏色的服飾。

第二名：水瓶座

水瓶座的有創意並且作風大膽，往往能引導時尚潮流。水瓶座的人創意無限，眼光非常獨到，哪種最有看頭的，哪些最合適自己的，

他們往往一看就能辨別出來。所以，水瓶座的人去買衣服的話，不需要長時間挑選，能很快發現自己所需要的衣服。

前衛的水瓶座是時尚的風向球，他們在審美方面有著自己獨到的見解。能打破常規，用全新的思維來看待流行時尚。他們不會刻意去模仿別人，而是相信自己的審美觀。總而言之，水瓶座是時尚的引路人，是帶頭者，而不是追隨者。

第三名：獅子座

喜歡炫耀自己，愛慕虛榮的獅子座當然不會落在時尚的後頭。對於他們來說，時尚是一種實現自己優越感的重要手段，再加上他們熱情和咄咄逼人的氣勢，不成為別人關注的焦點都很難。支配欲強的獅子座很容易變成購物狂，如果經濟條件許可的話，獅子座的人就會

把自己喜歡的東西買回家，他們除了會買很多漂亮的衣服，任何新潮的玩意都不會放過。另外，獅子座需要注意的是，衣物的顏色不要過度豔麗。

第四名：天秤座

僅從愛美的角度來講，天秤座在十二星座裡排名第一。發現美、追求美是每個天秤座不經意間在做的事情。所以，與其說天秤座追求時尚，不如說天秤座在追求美。天秤座對時尚的態度，並不是一味地追隨，而是冷靜的觀察和適當的介入。同時，因為天秤座對美的苛求，所以天秤座往往會花費大量的時間在時尚上。

時尚雜誌是他們最喜歡看的，而如果去逛街的話，你就會發現，天秤座是最挑剔的一類人，他們對東西總是挑三揀四，很難發現自己

滿意的東西。所以，千萬不要誤會天秤座的人
小氣，他們不過是對美過於苛求罷了。

第五名：金牛座

金牛座是十二星座中最有藝術氣質的，所
以在追求時尚方面，他們會顯露出非常專業的
一面。他們雖然看起來比較內斂，甚至比較憨
厚，但是實際上他們的眼光非常銳利，時尚的
東西，哪些是好的，哪些是不好的，哪些是適
合自己的，哪些是不適合自己的，他們都有明
確的判斷。

而且金牛座的人比較務實，所以不會出現
購物狂的情況。他們重視的是自己對價值的判
斷，而不是一味地追求新穎稀奇。他們喜歡優
雅、簡單的風格，注重的是整體的感覺。

第六名：處女座

與金牛座相反，處女座的人追求的是細節。所以，處女座的人往往對一些小物件比較感興趣，各種小商品或者首飾市場是他們最愛逛的地方，如何在哪裡點綴一下，讓自己變得更加光彩奪目，是處女座的拿手好戲。不過，他們普遍缺乏自信，所以買東西的時候會遲遲拿不定主意，需要別人的意見。

交際篇

為什麼這些星座不願迎合他人

每個星座都有自己的性格，有的星座能夠委曲求全，有的星座則性情剛烈，絕不會去迎合別人。

第一名：水瓶座

水瓶座是最聰明的星座，也是最高傲的星座。「走自己的路，讓別人去說吧」是他們的座右銘。「要讓我迎合你，但是你哪點比我強？」這是水瓶座的心理寫照。要讓水瓶座心服口服，是不可能的事。

第二名：獅子座

相對於水瓶座對自己的才華的自信，獅子座更多的是對自己性格的自信。好發號施令的

獅子座容不得別人來干涉自己的行動，他們勇
於反抗，行動最激烈。

不過也有例外的時候，因為獅子座有愛慕
虛榮、追求名利的一面，所以有的獅子座的人
會把迎合當成一種手段，其實，心裡是很不服
氣的，一旦自己的目的達到，獅子就會恢復自
己的本性。

第三名：摩羯座

摩羯座表面上沒有獅子座那麼激烈，也沒
有水瓶那麼顯眼，但是他們內心的高傲可不比
水瓶座低。

摩羯座對自己瞭解得比較透徹，能根據
自己的實力制訂出計畫，然後嚴格執行。他們
對別人的意見，只是作為參考，相信的只有自
己。要想讓他們迎合別人那是一件很難的事。

第四名：射手座

射手座的不願迎合，性質上來看，就是「無組織，無紀律」。不願受到束縛，喜歡自由自在是射手的本性，迎合別人是他們非常討厭的事。不過，他們的反抗精神不強，有時候也能勉強屈服一兩次。大多數時候，他們是採取逃避的態度。

第五名：天蠍座

天蠍座是個可怕的星座，他們很有主見，外表不露聲色，讓人捉摸不透。不論他表現出樂不樂意迎合，他們的內心都是孤傲不屈的。而且，在天蠍座的心裡，委屈很容易轉化為仇恨。天蠍座要嘛不反抗，一反抗就是毀滅性的。

第六名：金牛座

金牛座是個優雅的星座，迎合別人會讓他們很不自在，覺得有失體面。而且他們也根本不知道怎樣迎合別人，搞不好惱羞成怒，發作起他們那強脾氣起來。

你知道哪五個星座招罵的原因嗎？

哪些星座最招罵？這裡所謂的招罵是指有的人天生倒楣，莫名其妙招來罵名，這個在占星學上是有規律的。

第一名：處女座

處女座挑剔完自己，難免會去挑剔別人，常常搞得怨聲載道，背後被人議論。其實，處女座倒是沒什麼壞心眼，就是評判事物的尺度比大家公認的尺度高了那麼一點點。

第二名：雙子座

表面上雙子座在哪裡都很受歡迎，很討人喜歡，但是他們一轉身，背後就有人開始說他們的壞話。高調、熱情的雙子座確實比較招人嫉恨，所謂言多必失，雙子座也總是很不經意給別人留下打擊自己的把柄。

第三名：巨蟹座

巨蟹座在和人交往的時候，很容易心不在焉，甚至有點魂不守舍，給別人留下的印象很不好。造成不願意理睬別人的錯覺，這對巨蟹座來說比較冤枉。

第四名：白羊座

白羊座比較粗心大意，得罪了人自己還不知道。他們不知道自省，不懂得收斂，加上一副急躁的脾氣，很容易得罪人。可以說白羊座

是處女座的另一個極端,他們評判事物的尺度比大眾認可的尺度低了那麼一點點。

第五名:水瓶座

水瓶座會被罵是在於恃才傲物。他們特立獨行,完全不在乎別人的眼光。他們很高調,喜歡搞一些稀奇古怪的名堂,和他們熟識的人一般還能理解他們,那麼對他們很陌生的人就會在背後議論他,一些保守而暴躁的人自然會忍不住罵他們幾句。

跟哪個星座做朋友最好

結交哪些星座的朋友最好?其實這個問題很難說,既要考慮到實際情況,也要考慮同一個星座也有很大的差異性,更要考慮相互之間的契合度。不過泛泛而談,下面三種星座的人

最值得結交。

第一名：巨蟹座

如果你渴望得到朋友的關心、照顧的話，巨蟹座一定不會讓你失望。他們非常具有母性，很懂得照顧別人，本性善良，富有同情心，溫柔體貼，很多你自己沒考慮到的問題，他們都會為你安排好。

有巨蟹座做朋友，是一件很有福氣的事。巨蟹座就是那個讓你感覺很溫馨，有家的感覺的那個人。

第二名：射手座

「益者三友，友直、友諒、友多聞。」意思是說：值得交往的朋友有三種：個性率真的朋友、個性寬厚的朋友、知識淵博的朋友。──對照來看，射手座的朋友這三項條件都滿

足。射手開朗大方、熱情隨和的性格配得上「友直、友諒」四個字，雖不一定知識淵博，但交遊廣闊、消息靈通的射手座離「多聞」二字也不遠已。

第三名：水瓶座

在陌生人的眼裡，水瓶座可能有一點怪異，也有一點難以接近。但是，只要走進他們的內心，就會發現他們非常善良、非常和氣。而且，足智多謀的水瓶座還會在你的生活中扮演一個非常重要的角色——軍師，如果你有什麼煩惱，你有什麼猶豫未決的事，找水瓶座一起來商量準沒錯。

哪些星座最容易出口傷人

「良言一句三冬暖，惡語一句六月

寒。」但有些星座的人總會無意間說出令人心寒的話。

第一名：獅子座

高高在上的姿態很討厭了。他們要嘛對人呼來喚去，或者對人大聲斥責，青筋暴起，氣焰囂張，根本不管會對別人造成什麼樣的傷害。

第二名：天蠍座

天蠍座平時的話語不多，但是教訓起人來，沒完沒了，囉唆至極，而且喜歡講大道理，一套道理接著一套道理，這是天蠍座對自己人的手段。如果是天蠍座仇恨或討厭的對象，天蠍座就沒那麼多話，而是用一兩句最傷人的話，一下子就命中對方最脆弱的地方。

第三名：金牛座

金牛座喜歡講實話，而且還會把這句大實話刻意講得很難聽，以達到刺激對方的效果。試想，這怎麼讓人受得了？

第四名：射手座

射手座很喜歡亂開玩笑，並會以為別人都能和自己一樣經得起開玩笑，尤其是當他們情緒很高的時候，完全沒有分寸。而且射手座不太會察言觀色，往往會因為沒有分寸的玩笑弄得場面尷尬。

如何跟十二星座溝通最順暢

不可否認，與人溝通是一項非常有技術性的事，那麼能不能從占星學的角度大致瞭解和每個星座溝通的技巧呢？答案是肯定的。

1、白羊座

與白羊座談話，最重要的技巧是四個字：言簡意賅。他們可沒有耐心聽你講些事情的枝枝葉葉，喜歡切入主題，講主要內容。

2、金牛座

要用平實形象的語言來描繪事物，千萬不要用些時髦或生僻的詞彙，更不要三不五時夾點外語，弄得金牛座轉不過彎來，產生誤會。

3、雙子座

不要試圖和雙子座比口才，那樣會沒有好結果，也不要被雙子座牽引著你的思維走，那也沒有甜頭吃。和雙子座講話一定要保持高度冷靜，不要被他們誇誇其談的架勢將談話的主動權搶走了。

4、巨蟹座

巨蟹座很少出現不好說話的情況，他們總是很容易就站在你的一邊。但要注意的是，他

們對別人來説，也是很好説話的。

5、獅子座

獅子座很固執，要想打動獅子座，僅用嘴恐怕是不行的，要多拿出點實在的東西來，至少要多站在他們的立場上為他們考慮。

6、處女座

處女座會答應得比較爽快，但是實施起來，小狀況不斷，有時候會讓你有受騙的感覺，因為他們太注意細節了，要怪也只能怪你自己想得太少了，沒跟上處女座的節奏。

7、天秤座

小心被天秤座打馬虎眼，這可是他們的拿手好戲。一定要拿具體實在的東西談，讓他們沒有搪塞的餘地。

8、天蠍座

天蠍座很難溝通的一個星座。任你説上半天，他們就簡單而斬釘截鐵的一句話就能把你

打發掉。不過,他們至少能聽你把話說完,即使打動了他們,他們也要很長時間才能接受轉變。

9、射手座

一件很嚴肅的事情,如果你能把射手座說得笑起來,那麼事情就成了一大半。這時,射手就很露出他們熱情開朗的一面,自然什麼事都好辦了。

10、摩羯座

摩羯座是一個有點難度的星座。不過,他們只是樣子比較嚴肅認真,其實很通情達理。與他們溝通時,不要被他們的表情給嚇住了,多一點耐心就行。

11、水瓶座

話很多,能和你講得天花亂墜,但是結果可能不會很理想,對剛剛說好了的事,他們一會兒就可能有了新的解釋,讓人很頭痛。

12、雙魚座

雙魚座能把你的話聽進去，整體來說，比較好溝通。但是不要跟他講太多利益上的事，最好多把話題往感情上引，這招對雙魚座很有效。

容易獲得好人緣的星座

一個人的人際關係狀況是否良好，是否有好人緣，直接影響到工作、學習、生活順暢與否。那麼如何才能獲得好人緣呢？不妨向下面幾個星座借鑒經驗：

1、射手座

射手座的個性開朗大方、活潑好動、愛玩會玩、風趣幽默、率真耿直、不拘小節、樂觀陽光、可愛、熱情、沒有心機、講義氣、出手

闊綽、交遊廣闊、消息靈通……很有人緣。

2、白羊座

雖然白羊座有點喜歡得罪人，但是他們的好朋友還是非常多。其實，白羊座內心非常單純，雖然性格上有點急躁，但是對人可謂一片至誠，很多人有了白羊座的朋友後就會不自覺地和他深交。你不用擔心白羊座會和你耍什麼花招，不用怕他們會出賣你，也不用和他拐彎抹角地講話，有什麼話可以坦誠的交流。

白羊座非常講義氣，對朋友真的能做到兩肋插刀，更可貴的是，他們行動力十足，如果答應你什麼事，絕不會拖拖拉拉的，真是雷厲風行。

3、天秤座

天秤座會把交朋友當成一項重要的事業來

經營，因此人緣非常好。他們往往是朋友中看起來不起眼的角色，但是真的有什麼事，大家就會不自覺地把目光投到他的身上。他們大多性格溫和，親和力十足，而且三教九流認識的人很多，辦起事來門路很多。他們不會一心巴結權貴，對處境不好的人也能給人幫助。

天秤座有兩個發展方向：要嘛是單純的和事老，要嘛發展成帶頭大哥。

哪些星座組合的友誼經不起考驗

真正的友誼是一種不計成本的付出了多少，面對人與人之間的坦誠相待，它經得起任何考驗。但以下四組「星座搭配」卻因各種原因，很難有天長地久的友誼。

白羊座與天秤座

白羊座衝勁十足，而天秤座非常鎮靜，沉得住氣，在初期兩個人配合會讓雙方都耳目一新，也比較依賴對方。但是時間一長，白羊座就會先對天秤座不滿，因為天秤座會讓白羊座有被控制、被指使的感覺，如果有什麼起因讓白羊座感覺天秤座虛偽、矯情的話，兩個人的友誼就會結束，天秤座也會對白羊座的粗魯、暴躁感到頭痛，漸漸地對白羊座冷淡起來。

巨蟹座與摩羯座

起初巨蟹座的關懷能讓摩羯座非常感動，摩羯座的冷靜也很容易成為巨蟹座依賴的對象。但是巨蟹座對朋友無微不至的關懷會給摩羯座造成很大的心理負擔，不願意欠別人太多的摩羯座就會主動退避，巨蟹座受到傷害就會把這段感情冷淡下來。

獅子座與水瓶座

獅子座的領導力是水瓶座很仰慕的，而水瓶座的才華是獅子座想佔有的，兩人自然會一拍即合。但時間一長，高傲的雙方就都會為對方所傷害，造成關係疏遠。

雙子座與射手座

兩個活潑的人在一起，彼此性格上吸引，足以讓雙方成為好朋友。但是時間長了，雙子座就受不了射手座的直接了當；另外，雙子座既嫌射座手有點傻裡傻氣，又有點嫉妒射手座的好人緣。而射手座，最受不了雙子的善變和拐彎抹角了。

哪些星座利用朋友的機率高

有的星座的人，把朋友當做利用的工具。

當然，並不是說這個星座的人就一定這樣，只是利用朋友的機率比較高一些。

第一名：雙子座

雙子座很懂得煽動別人，他們不僅口才出眾，而且善於察言觀色，輕易就能找到別人的弱點。他們拖朋友一起幹壞事的時候，特別的亢奮，全身每個毛孔都發出誘惑的光彩。他們的心眼並不見得就是多麼的壞，其實是在幹壞事的時候心虛，需要找人壯膽。而且他們幹的壞事，並不見得有多罪惡，往往是出於好奇心，想要嘗試一下。

第二名：水瓶座

和雙子座的情況類似，也不是要故意要拿朋友當炮灰，也不是真的要幹多大的壞事，犯法一般談不上，亂紀是一定的。如果說雙子座

是巧言令色、從言語上煽動人的話，那水瓶座就是從在行動上影響人。他們總是一副沒什麼大不了的心態，在幹壞事的時候特別鎮定，是一個違紀團隊的鎮靜劑。

第三名：雙魚座

雙魚座比較陰險，他們是真正的需要別人擋子彈，自己躲在後面，進可攻，退可守。若事後找他們算帳的話，他們的藉口比誰都多，特別會為自己開脫，而且振振有詞，絕不會有半點慚愧的樣子。

第四名：天蠍座

天蠍座比雙魚座更陰險，他們不僅能矇騙你一時，甚至能矇騙你一世。當然，那是比較極端的情況。

一般，天蠍座就是膽小怕事，做什麼事都

不敢自己出頭，需要有人擔著點。低調的天蠍座不僅幹正事怕出名，就是幹起壞事來，也絕不會自己帶頭的，常常是慫恿別人打頭陣，自己跟在後面。

什麼星座最怕沒朋友

生活中，有些人怕沒錢花，有些人怕沒工作，還有些人怕沒房子，而有些人他們最怕孤單、寂寞，最怕沒有朋友。

第一名：天秤座

一般的人，事業和家庭比較重要，朋友不會是生活的第一要素。

但是對於天秤座來說，很喜歡把交朋友當成一項事業來苦心經營，吹噓自己認識誰，和誰關係很好，是天秤座常幹的事情。這樣的人

要是沒有朋友，絕對不可想像。獨處對天秤座是一件很困難的事，沒事就要到處跑跑，哪裡熱鬧往哪裡去。

第二名：獅子座

獅子座希望成為眾人關注的焦點，需要有人來傾聽他的吹噓，如果能三不五時得到一兩聲讚歎那就更好了。

總之，他們喜歡自己表現給別人看，特別需要別人的關注，很怕沒有朋友。不過，他們需要的朋友，不一定要有多麼深厚的友誼，只要是和他認識的人就行。

第三名：白羊座

辦起事來風馳電掣的白羊座，一旦靜下來就特別需要朋友在身邊。一件事情辦完，他們馬上想到的就是呼朋引伴在一起聚會，安靜的

環境總是讓他們無所適從。

而且，從另一個方面講，粗心大意的白羊座確實非常需要朋友的提醒。

什麼星座的報復心最強

人生也許是美好的，也許是煩惱的、殘酷的，當你得罪某些人的時候，後悔都來不及。

第一名：天蠍座

說起哪樣的人得罪不起，在這個排行榜上天蠍座高高在上，遙遙領先。敏感、小心謹慎的天蠍座很神祕，很難猜透他的心理。一件看起來不怎麼要緊的事情，就可能深深刺痛天蠍座的心。他們喜怒不形於色，把仇恨深深埋在心裡，如果累積到一定程度，就會給予毀滅性的報復。

天蠍座的報復非常可怕，往往是透過周密的計畫，長時間的準備，最後給對手致命一擊。陰險、謹慎、殘酷是天蠍座在復仇中展現出來的特徵。

第二名：雙魚座

得罪了天蠍座，你自己可能還不以為意，直到得到可怕的報復才恍然大悟，而得罪了雙魚座，那就要飽受糾纏了。

雙魚座的報復手段就是：煩死你。一旦得罪了雙魚座，他們就會和你做長時間的鬥爭，在所有可能的時間和空間上讓你遭受打擊。例如，打騷擾電話，向你的親友投訴等，都是雙魚座常幹的事。

第三名：雙子座

雙子座口才很好，如果你得罪了他，他就

會添油加醋，到處說你的壞話，而且會讓大家都相信他，將你搞得眾叛親離，孤獨無援。而且雙子座的性格非常多變，他們這會兒原諒了你，說不定什麼時候又記起恨來，對已沒有防備的你報復。所以，雙子座實在得罪不起。

職場篇

哪個星座的老闆給人的壓力最大

有的老闆很恐怖，跟他們做事總是壓力特別大，這都是什麼原因呢？

第一名：天蠍座

關鍵字：致命一擊

原因分析：天蠍座的老闆平時話語不多，看起來也還比較和氣，雖然有點神祕，但是並不是十分可怕。

其實，他對你們的行動掌握得一清二楚，哪裡有點風吹草動都瞞不過他的眼睛。如果有所鬆懈，就會被他教訓，等他教訓起人來，你就會驚訝地發現，他怎麼這麼能說教，道理一套接著一套的，特別囉唆。

第二名：獅子座

關鍵字：獅子吼

原因分析：獅子座發起火來，有點不分青紅皂白，就和他們的獅子吼絕技一樣，很容易殃及無辜，所以看苗頭不對，還是躲遠點好。如果你還看不慣他那頤指氣使、高高在上的姿態，還是趕快跳槽吧。

第三名：雙子座

關鍵字：朝令夕改

原因分析：其實，雙子座根本不適合當老闆，如果造化弄人，讓他坐上了那個位置，你可要小心了。雙子座的下屬大多有點活得暈頭轉向，摸不到方向。一會要這樣做，一會又要那樣做，這個問題沒解決，又去搞那個問題，

這是雙子座的指揮下的常態。一旦失敗，雙子座有一大堆藉口推卸責任，你就等著當代罪羔羊吧！這樣的老闆真是危險。

第四名：處女座

關鍵字：挑刺

原因分析：替有完美主義傾向的處女座老闆工作很累人。這裡還差一點，那裡還沒做好，是處女座常說的話。而且，他們囉唆起來沒完沒了，影響你的進展不說，還影響你的心情。如果處女座老闆在別的地方有煩惱，也會帶到工作中來，那時候就不只是挑剔了，而是在骨頭裡挑刺，讓你覺得很無奈。

哪些星座同事最陰險

職場如戰場，有些同事寬容大度，有些同事卻一絲一毫不容侵犯，更別說被人欺負。哪些同事屬於不能得罪的類型呢？

第一名：天蠍座

天蠍座的人事業心很強，對工作是全心全意地投入，對於任何困難和挑戰都不畏懼，非常適應激烈的競爭。他們自尊心強烈，不能容忍自己落在別人的後面，有時候會表現出很強的嫉妒心。當然，天蠍座的厲害之處還是在於他那政治鬥爭的本事，他們不動聲色，讓人沒有防備心，而且心狠手辣，可以為目的不惜一切代價，一擊而中就會全身而退，不留任何痕跡。

第二名：巨蟹座

巨蟹座和天蠍座有點相似，但是巨蟹座

的程度比天蠍座要輕，可以看做小一號的天蠍座。他們也是很沉得住氣，等到時機後就會反攻，雖然手段沒有天蠍座那麼毒辣，但是他更加不屈不撓，沒完沒了。巨蟹座的攻擊性來源於自己的自我保護，他們觀察力很敏銳，有一點風吹草動就會警惕起來，然後尋找對策。他們感情細膩，很樂意為別人奉獻，但是一旦付出得不到回報，也就會產生報復。所以，巨蟹座的同事最好不要得罪。

第三名：金牛座

金牛座的問題在於嫉妒心，他們最看不慣別人高調的樣子，如果誰洋洋得意，金牛座就會把他記在心裡，伺機給予打擊。他們很懂得辦公室政治，拍起馬屁來也很有技巧，可以說完全不著痕跡，讓上司很受用。金牛座有時候會說謊話騙人，雖然謊話數量不多，但是品質

很高，往往用在關鍵點上。在同事之間的競爭中，金牛座是個非常厲害的角色，千萬不要被他們的外表麻痺了。

為什麼說處女座適合做祕書

處女座的人十分看重細枝末節，常為了細節了的完美而忽略了大局。他們工作勤奮、重實際。優秀的處女座的人不僅慎重，且具有樂於助人的天性，充分享受施予的樂趣。

處女座的人具有潔癖的傾向，因而在情感生活上較難和別人建立起親密的關係。當處女座的人陷入情網時，很少直接了當地表達，而是以含蓄的方式去表達。

由於天生欠缺領導能力，處女座的人很難成為出色的主管，但他們善謀略，最適合擔任幕僚工作，給予領導者合宜而穩當的幫助。

　　處女座的女性最適合從事祕書工作——永遠是一身整潔高雅的服飾，辦公桌也收拾得有條不紊，給人清爽俐落的感覺，對老闆交代的事情，更能夠處理得條理分明。她們喜歡一成不變的例行公事，因為井然有序是她們所追求的目標。此外，凡是對任何有關分析方面的工作都能愉快地勝任。

你是容易被人當墊腳石的星座嗎

　　常言道：「馬善被人騎，人善被人欺。」有些人因個性柔和、不善於與他人爭論，且淡泊名利，因此，職場中總被他人利用，成為別人加薪升職的墊腳石。

第一名：射手座
射手座有點大咧咧的樣子，往往成為別

人利用的對象，但並不是因為他們傻，而是他們無心和人爭鬥。雖然他們在工作上很有戰鬥力，但是在利益分配上，他們就完全沒有了戰鬥力，任人擺佈，發覺被佔便宜也無所謂，所以說射手座是爛好人。但是，如果做得太過分，射手座也會奮起反擊，他們可不是怕事膽小，也不是容易被矇騙，不過是大方慣了。

第二名：摩羯座

說得難聽一點，摩羯座有點好高騖遠，對眼前的一時得失不怎麼在乎，所以摩羯座也常常成為別人的墊腳石。摩羯座總是覺得為一點小利益爭來爭去很沒有意思，再加上他們具有寬容心，懂得顧全大局，且有點怕出頭，所以很多時候，摩羯座的態度是，忍忍算了。整體來說，摩羯座很容易成為小人下手的對象，應對朋友多做防範。

第三名：處女座

處女座的人比較溫柔，說話的聲音不大，即使有什麼不滿的地方也只是自己發發牢騷，不會大動干戈。這就給人好欺負的感覺，容易被小人盯上。工作中，處女座要拿出一點霸氣出來，多一點兇悍，不要一味地退避，自己偷偷發牢騷，有什麼事情要大聲講出來，實在做不到的話，可以找一兩個靠山，讓別人來保護自己。

第四名：水瓶座

水瓶座的人有一副不食人間煙火的樣子，他們對精神層面的追求很在意，而忽略了利益上的爭鬥，雖然他們很聰明，但是很容易被人算計。而且他們不怎麼記仇，也沒有什麼報復心，小人們要拿他當墊腳石，可是一點後顧之憂都沒有。

怎樣根據星座特點應對客戶

與客戶談判，一次錯誤行為會使以往100次的努力前功盡棄。如何巧妙應對客戶順利完成工作呢？最好根據星座，採取應付措施。

1、白羊座

白羊座是火象星座，他們急躁，沒有耐心，因此一些細節性的東西先不要和他提起，應先把一些主要的東西敲定，下次再談細節不遲。白羊座的客戶，要多接觸，每次會談的時間不要太長，一次解決一點問題。會談的環境也非常重要，千萬不要到吵雜的地方和白羊座談生意上的事情。白羊座的客戶，你給他留下的第一印象非常重要，如果不合他的胃口，就可能再也沒有機會了。

2、金牛座

金牛座比較好說話，需要注意不要對金牛過於殷勤，否則會引起他們的疑心。另外，金牛座對錢財比較敏感，在他們面前一定要表現的財大氣粗，使他們的戒備心直線下降。

3、雙子座

雙子座非常難纏，他們總是閃爍其詞，顧左右而言他，讓你很難對他形成影響，而且他們自己發揮起來，又會滔滔不絕，連你插嘴的機會都沒有。談判時，你不妨順著他一點，抓住一個關鍵點來扭轉局勢。

4、巨蟹座

巨蟹座外表冷冰冰的，如果你也用很正式、很商業化的方式來和他會談，很難談得攏。巨蟹座其實內心很溫和，也很講道理，如

果用輕鬆點的方式來接待巨蟹座，例如，從家庭方面來入手，打動巨蟹座的難度就會很低。

5、獅子座

獅子座是很樂意接受吹捧，但是往往成效有限，有點軟硬不吃。對獅子座客戶要從具體的事情，以務實的態度入手。當然，適當、得體的讚美必不可少，更不能傷獅子座的面子，那樣必定會把事情搞砸。

6、處女座

往往開始和處女座的接觸比較順利，但是越往後越發現處女座難纏，他們心思周密，對細節的要求很高，而且比較固執，認定了就絕不更改。若想要處女座客戶滿意，自己還得把工作做得細緻一點。

7、天秤座

天秤座天生親和力高，很好接觸。他們很講義氣，與他們進行生意往來，最好帶一點江湖義氣來解決比較好。需要注意的是，不要和天秤座耍花招，一旦被察覺，就沒有任何商量的餘地了。

8、天蠍座

應對天蠍座的客戶難度係數最大，他們城府很深，而且非常細緻嚴謹。你有什麼動作他都瞧在眼裡，放在心裡，洞察著一切可能的變化。如果你的客戶是天蠍座，還是不要做那些表面功夫了，以實力說話才是最終極的解決方法。

9、射手座

射手座風趣幽默，也很大方，和他們的相

處很愉快，但是在正事上，他們並不是那麼容易對付，有著很狡猾的地方。雖然雞毛蒜皮的事情他們不放在心上，但是對關鍵性的問題，他們是非常敏感的。而且，射手座門路比較廣，心思比較活，與他們打交道很多事情要趁熱打鐵，千萬不要拖拖拉拉。

10、摩羯座

摩羯座比較講究直來直往，轉彎抹角會讓他們反感。無論事情的大小，都要攤到桌面上講得明明白白，這樣既能表示你的誠意，也能讓摩羯座放心。如果打馬虎眼，摩羯座就會開始打退堂鼓。

11、水瓶座

水瓶座看起來比較酷，有時候還有點裝模作樣，試圖在氣勢上壓倒你。此時，你千萬不

要被他唬住了。其實，他們很好溝通，也很講
道理，只要沒有大的分歧，水瓶座客戶很容易
搞定。

12、雙魚座

雙魚座的客戶是十二星座中最好搞定的。
他們早就把事情想得清清楚楚了，給你一拍即
合的感覺。如果你能站在他的角度多為他考
慮，就能完全打消他的顧慮。需要注意的是，
雙魚座對於你的競爭對手來說，也是非常的好
說話。所以，一定要記得抓緊時間把事情談
妥。

獅子座的野心源自於何處

獅子座是英雄主義者，注重個人才華的
表現，極為率性，創造力豐富，有熱情的勇氣

和堅定的實行力，但自尊心比較強，天生就有要成為人上人、王中之王的野心。在團體活動中，他們能掌握群眾心理，扮演領袖者的角色。所以，獅子座天生具有群眾魅力，即使只是默默地坐在那裡，也能引起他人注意。

獅子座的字典裡沒有「優秀」二字，除了他們自己之外。獅子們討厭一切漂亮的生物，也厭惡一切有智慧、有才華的生命體。貓科動物的腦一向不大，卻絕對驕傲任性，並自以為是的濫用他們綠豆般大的智商，到處下達指令且沾沾自喜到無法自拔。絕不能讓獅子覺得他們「被需要」，一旦這個錯覺產生，所有的獅子會頓時散發光芒萬丈，令人覺得觸目驚心的地步，而旁人完全無法理解他們到底是怎麼了。

無論是說話還是做事，獅子座的人常常以自我為中心。倘若他們稍微調整自己的想法，

並學會站在他人的立場上看問題，就能受到大家的尊敬。另外，若能承認自己的缺點並道歉，則更能使你有迷人的魅力。

若遇到意外發生時，獅子座的人敢以最大的勇氣貫徹自己的理想，面對困難不退縮。但要提醒獅子座的你，眾志才能成城，不要獨斷獨行。

獅子座的情人，個性開朗大方，所追求的是亮麗炫目、豪華氣派的愛情。打動他的心的方法就是要隨時給予鼓勵與讚美，但也要讓他知道你也有他值得佩服的地方。

獅子座的人的表現欲強，如果被人忽視的話，將會是最傷他自尊心的事。

為什麼白羊座容易給人獨裁者的印象

白羊座是黃道12宮的第一宮，也意味著

萬物初生。他們有著強烈的好奇心和堅強的意志；有著不服輸、不怕困難、求新求變的精神。他們充滿熱情和創意，有一股內在力量來證明自己的能力，把爭第一視為理所當然，不喜歡落於人後。

白羊座的你喜歡無拘無束和自以為是，而不願意步他人後塵。你從來不掩飾自己的感情，要嘛熱情洋溢，要嘛怒髮衝冠。如果你的願望受阻，你也絕不草率收兵。無論是在家裡還是在外面，你都不怕爭執，但事後總是棄之腦後，從不記恨在心。在困難和危險關頭，你能充分表現出自己的勇氣和品格，得到人們的敬佩和讚揚。白羊座的你做事從不吝惜氣力，寧可付出巨大的代價，也要力爭前茅。總之，你從來不在任何困難和失敗面前低頭。

但是，爭強好勝的你容易給人以「獨裁者」的印象，這一點往往不利於你的工作和

與周圍人際間的融洽關係。另外，白羊座的你舉動常常帶有啟動性和影響性，能吸引別人進入你所希望的軌道，並使你們發揮出更大的作用。

白羊座的人具有開拓者的胸懷，鬥爭、探索和征服對你來說，要比金錢更有誘惑力。你一旦有了錢，常常揮金如土，或者贈送給親朋好友，或者投到冒險的事業中去。當經濟拮据時，你也不會坐以待斃，總是能找到辦法擺脫困境，重新打開局面，但往往好景不長……你喜歡千變萬化、不厭其煩和朝令夕改，這些是你生活中不可少的調味品，因為你最不喜歡的就是單調而索然無味的生活。

鋌而走險的欲望常常纏繞著白羊座的人，你可能成功，但又常常會遇到很大的挫折。你的未來與變幻莫測的激情休戚相關。

你知道十二星座面試成功的祕訣嗎？

面試是求職者全面展示自身素質、能力、品質的最好時機。面試發揮出色，可以彌補先前筆試或是其他條件如學歷、專業上的不足。在整個應徵過程中，面試無疑是最具有決定性意義的一環，事關成敗。求職面試，你準備好了嗎？

1、白羊座

白羊座行動起來風馳電掣，步伐很快，不用擔心給面試官留下拖拖拉拉的感覺，但需要注意的是，要學會傾聽面試官的問題，想好了再答。在穿著上，白羊座千萬不要穿色彩鮮豔的衣服，尤其不要穿紅色，給面試官帶來不好的印象。

2、金牛座

金牛座穩穩當當，做事慢條斯理，需要注意的是時間觀念要強，別遲到了。穿著上要特別注意不要穿那種很厚重的鞋子，會給人笨重的感覺，鞋子一定要輕盈，給人飄逸的感覺來彌補自己略顯木訥的神態。

3、雙子座

雙子座很會對付面試官，甚至能化被動為主動，所以談吐方面不會出現什麼問題。但是穿著上要講究穩重，不能給面試官留下輕浮的感覺，再加上雙子座對答如流，就會給人很不牢靠的印象。

4、巨蟹座

巨蟹座從容的神態，祥和的面貌，平穩的步伐，給面試官的感覺非常好，建議帶點首飾，給自己加一點靈動之氣，那樣會更加分。但不要選擇金屬感很重的首飾，最好帶玉製品

或者珍珠瑪瑙之類的。

5、獅子座

初次見面，獅子座還是比較收斂的，也會擺出比較謙虛的樣子。但要注意不要露出馬腳，打扮上注意不要把頭髮弄得太蓬鬆，尤其是女士不要捲髮，也不要把毛髮染成醒目的顏色，還是烏黑筆直的頭髮比較好。

6、處女座

處女座會比較緊張，回答問題也有點猶猶豫豫，喜歡用些模棱兩可的詞彙，音量也比較小。對處女座來說，面試時特別注意要乾脆一點，行或者不行，是什麼而不是什麼。個人形象上切忌帶個塞滿東西的大包，那樣會非常糟糕。

7、天秤座

天秤座很有親和力，面試官提問會比較隨意。但天秤座要注意培養應變能力，不要被面

試官突然的一個怪問題弄得愣住。在外形上，天秤座很容易給人留下平庸的印象，最好打扮得闊氣一點，穿得華貴一點，不要穿廉價的衣服，還要特別注意不要穿那種寬鬆的褲子。

8、天蠍座

與天秤座相反，天蠍座一般都是帥哥美女，外形上會給自己帶來不少的分數。但需要注意的是，不要穿過於前衛的衣服，色調最好深一點，特別不能穿得花花綠綠，且不能過於嚴肅，衣服上點綴一下最為適宜。至於談吐方面天蠍座早就計畫好了。

9、射手座

射手座面試前的準備工作最好長一點，要記得把需要帶的東西準備好，最好帶一個公事包。回答問題切忌脫口而出，即使自己的反應敏捷，也不要給人講話不經過大腦的印象。射手座要注意坐姿，不要坐姿不良的，站如松，

坐如鐘,是射手座要記住的姿勢。

10、摩羯座

摩羯座的職場新人第一件事就是要學會正視別人的目光,不要閃閃躲躲。另外,不要太嚴肅了,避免給面試官留下「苦大仇深」的印象,所以在敲門進去前,要深吸一口氣,微帶笑意。

11、水瓶座

水瓶座常有驚人之語,但是千萬不要在面試的時候拿出來,這容易給面試官不良印象。衣著方面,水瓶座特別要注意,他們明知道穿職業裝會比較好一點,但是實際選擇的時候卻偏偏要選擇比較怪一點的衣服,他們就是有點不信邪,結果總是吃虧的。

12、雙魚座

雙魚座的眼神總是水汪汪的,在生活中,這是一對可愛的好眼睛,但是在職場上,這樣

的眼神卻會給面試官留下不好的影響，建議戴一副眼鏡比較好。服飾上，最好選穿尖頭皮鞋，男士最好穿西裝。

十二星座為什麼要跳槽

「人往高處走，水往低處流」，這固然沒錯，但十二星座羅列出的跳槽理由，卻讓人「大開眼界」。

1、白羊座

白羊座想趁著年輕，換個新地方再闖一闖。他們總是喜歡開始而不喜歡結尾，所以他們喜歡多換幾個地方，多開始幾次新生活。

2、金牛座

職業規劃是金牛座最喜歡說出來的藉口，其實就是對薪水不滿，什麼人生價值，理想，

統統都是藉口。

3、雙子座

雙子座看起來很有抱負，好像在透過跳槽來調整自己的位置，學習新的知識。其實，他們喜歡東一榔頭西一棒。

4、巨蟹座

一定是公司裡有人得罪了他，不然向來把公司當成自己的依託的巨蟹座不會輕易跳槽。

5、獅子座

尋求更好的發展機會。如果獅子座發現在公司很難得到提升的機會，那麼他們就會萌生去意。

6、處女座

和上司關係不佳，基本是處女座離開的唯一原因。一旦處女座的熱心付出遭到上司的冷遇的時候，處女座就會傷透心。

7、天秤座

已經透過朋友找到了更好的位置，雖然和這個公司的老闆、同事還是有感情的，奈何心已動搖，還是去別處試一下才好。

8、天蠍座

階段性的目標已經達到，該學到的知識已學到，該累積的經驗也累積得差不多，是該到別處去尋找更好的發展空間了。天蠍座要跳槽的時候，多半已經把新生活的一切都安排妥當。

9、射手座

射手座沒有什麼計劃性，一個很小的理由就能促使他跳槽，什麼公司管理的太嚴，那邊挖角的人很有誠意，那邊的環境很不錯，這些小因素就能讓射手座遠走高飛。至於到新地方會不會後悔就難說了，不過即使後悔，也持續不了幾天。

10、摩羯座

摩羯座要跳槽，一定經過再三考慮，所以沒有挽留的餘地，說不定，他們自己公司的專業技能都已經拿到手了。

11、水瓶座

不是這裡沒有了挑戰性，就是這裡的老闆太死板，跟不上水瓶座的節奏，所以水瓶座需要另謀出路。

12、雙魚座

可能是為了愛情，也可能是這裡的工作給了他太大的壓力。

哪些星座最有拼搏精神

十二星座裡，哪些星座具有不懈努力的拼搏精神呢？

第一名：白羊座

講起拼搏心，白羊座首屈一指。白羊座的人行動果敢，一旦定下目標就會馬上實施，絕不會拖拖拉拉。挑戰越大，他們的鬥志就會越來越高。不過，白羊座的人有時候會陶醉於自己的勝利，有時候還喜歡逞強，做些無法負荷的事情。

第二名：獅子座

獅子座表面上看起來就沒有白羊座那麼瘋狂了，但相較於白羊座，獅子座一般有遠大的抱負，是屬於為理想而奮鬥的一類人。當然，他們的表現欲望很強烈，不會錯過任何展示自己才華的機會。獅子座最大的問題是遇到挫折就很容易放棄，所以對於獅子座的人要多鼓勵。

第三名：天蠍座

天蠍座的人拼搏精神也很強，但不會特別顯著。如果說白羊座的拼搏是在享受過程，那麼天蠍座的拼搏則完全是為了結果，他們為了目標可以不顧一切，不擇手段，或者規劃很久後才去猛然行動。所以，總是在積聚力量的天蠍座是一個可怕的對手。

第四名：摩羯座

摩羯座是個悲觀主義者，他們總是做好了最壞的打算，然後用自己最理想的狀態來應對壓力。他們思慮周密，很注重細節的完美，他們總是毫不氣餒，對要實現的目標死纏爛打。

財富篇

什麼樣的夫妻星座組合最賺錢

對於一個家庭來說，賺錢絕對不是一個人的事，即使完全不出門工作的人，也直接影響著這個家庭的賺錢能力。

獅子座和天蠍座的組合

這兩個人的進取心都不成問題，結合起來會互相鼓勵，把賺錢當成了樂趣。獅子座的人有雄心，很霸道，好面子，是這個組合的原動力，而獅子座的外交能力能彌補天蠍座的不足。天蠍座有心計，能做長遠打算，而且投資眼光比較準，能幫助獅子座把事情做到毫無破綻。

雙子座和金牛座的組合

雙子座和金牛座一個機靈百變，一個穩重如山；一個奇謀百出，一個大智若愚，這樣的組合在商場上拼殺起來無往不利。雙子座調查市場、尋找客戶，金牛座管理生產、人事、財務，各自發揮自己的優點，自然財源滾滾來。

天秤座和射手座的組合

　　這是朋友最多的兩個星座，兩者結合，門路會非常廣，所有賺錢的商機都會被他們搶先知道。而且天秤座的穩重、平衡可以很好地幫助射手座不出現大的失誤，射手座的衝勁也可以推動天秤座的稍顯緩慢的步伐，相得益彰。

摩羯座和處女座的組合

　　這是兩個懂得精打細算的星座，兩者結合，一定會把算盤打得非常仔細，賺得多，花得少，遲早小溪匯成大河，錢多得花不完。不

過，需要提醒的是，人生苦短，得行樂時還是
要行樂的，別太摳門了。

十二星座適合開什麼樣的網路店家

網路上開店成本比較低一點，所以可以多
做嘗試，即使不以這為主業，也可以為自己增
加一點人生體驗。

1、白羊座

運動器材，雖然白羊座的運動成績不怎麼
樣，但是他們對體育器材是相當的敏感，競技
類體育也好、健身類體育也好，都是白羊座所
熱衷的體育運動。

2、金牛座

保健營養品，想擁有牛一樣強壯結實的身
體嗎？怎麼選擇種類繁多的營養品？金牛座中

肯、慢條斯理的答覆一定會帶來很多的買家。

3、雙子座

手機，沒有誰比雙子座更適合賣這人與人溝通的工具了。

4、巨蟹座

床上用品，例如，蠶絲被、安神枕等，巨蟹座都會告訴買家這些東西的好處，他們對這體會很深。

5、獅子座

珠寶首飾，獅子座本就很關注這些東西，對奢侈品行業瞭解得非常透徹。所以，他們既有進貨管道，又能找到這些東西的賣點。

6、處女座

各類小玩意，例如，錢包、電話卡、手機飾品、顯示器保護膜等。東西雖多，但是處女座都能整理得井井有條，而且說起這些東西的好處來，也一定頭頭是道。他們的細心會帶來

很多客戶，他們的精打細算會讓這些小玩意也有不錯的利潤。

7、天秤座

服裝店，天秤座很有品味，也懂得搭配，所以網店時間開得越久，忠誠的買家會越多，甚至有的會成為朋友。

8、天蠍座

情趣用品，很多人選擇在網上購買情趣用品，天蠍座對產品會有比較好的認識，而且他們也懂得保護買家的隱私，懂得什麼該問，什麼不該問。

9、射手座

玩具店，小孩子的玩具也好，成人玩具也好，射手座都能賣得很好，閒暇之餘還能自己玩一玩。

10、摩羯座

古董，摩羯座的人喜歡有文化氣息的東

西，他們對每件古老的東西的歷史、故事、特點都非常有興趣，而且他們謹慎小心，非常喜歡賣古董。

11、水瓶座

電腦，現在發展最快的就是電腦的相關軟硬體，出現很多新概念、新名詞，對此水瓶座富有興趣，並且水瓶座裡有很多電腦高手。

12、雙魚座

禮品店，雙魚座是最知道給什麼人該送什麼禮物的人了，所以他們賣的不只是禮品，而是一份愛心。

哪些星座會把旅遊當成購物遊

有的人出門旅遊總是拎著大包小包回來，把旅遊變成購物，你是這其中的一員嗎？

第一名：白羊座

看到新奇的東西就想買，只要是家裡或家所在的地方沒有或少見的東西，白羊座一定要買回家。他們不像有的星座給自己買東西時找一大堆藉口，白羊座求的就是一個痛快，要他們猶猶豫豫，比殺了他們還難受。回家後，白羊座把這些東西——拿出來把玩一番，就會發現大多數是不需要的，這時候他們就會感歎一聲——衝動是魔鬼啊！

第二名：射手座

花錢沒有計劃性，喜歡到處旅遊，並會在旅遊時買一些新穎的東西，這就是射手座。他們最喜歡買各種各樣的紀念品，有各個旅遊地的，然後擺在家裡，三不五時拿出來玩玩，並且感歎一番。

第三名：水瓶座

水瓶座不喜歡一堆人結伴去旅遊，他們喜歡獨來獨往，是典型的獨行俠。水瓶座喜歡買一些有文化含義的物品，甚至不惜花大錢。即使是多花了錢，他們也死不承認，固執地認為這個東西真值那麼多。

第四名：雙魚座

雙魚座不善於拒絕別人，所以一些導遊推薦的東西，一些推銷員很有誠意推薦的東西，一些朋友慫恿買的東西，他們都會統統買回家，常有上當受騙的時候。

你能跟哪個星座借到錢

魯迅先生曾說，越有錢越小氣。這話是有道理的，也是沒辦法的事情。因為你手裡有點

小錢之後，窺視你錢的人就多了，那麼當別人借錢時，十二星座有何表現呢？

1、白羊座

白羊座沒有什麼理財計畫，最好的情況就是把錢交給另一半管理，他們重情義，性情豪爽，一旦有人向他開口借錢，絕大多數情況下，他都會慷慨解囊。

2、金牛座

金牛座有錢，但是不是那麼好借，他會仔細考慮對方的償還能力和人品，只有合格後他才能出手相助，不然他能找到一堆冠冕堂皇的理由來加以拒絕。另外，要向金牛座借錢，最好主動提到加利息，那樣成功率會高不少。

3、雙子座

雙子座很會找別人借錢，花言巧語很快打消對方的顧慮。如果別人找他借錢，最好要給

點高利息，不然除非是很特別的朋友，一般人找他是借不到錢的。

4、巨蟹座

巨蟹座把錢看得不是那麼重，但也不會輕易把錢借給別人。他們要看的是關係親不親密，如果是超級好朋友，即使沒償還能力，他們也會毫不猶豫地借錢給他。而關係一般的話，你就算給他再高的利息也向他借不到錢。

5、獅子座

獅子座的錢比較好借，基本上只要不是讓他太為難，他都會想盡辦法滿足你。不過，借錢不還是不行的，他會追著你要，而且會大發脾氣。

6、處女座

處女座非常小氣，一毛不拔的鐵公雞大多出自這個星座。所以，千萬不要向這個星座的人借錢，他們不僅會裝得比你還窮，等你走

後，他心裡還會鄙視你。

7、天秤座

如果他剛發了一筆小財，你去找他借錢，絕對能成功。如果他手頭有點緊，那就不要指望他能幫你了。整體來說，天秤座在錢上面比較理性，量力而為是他們的財務信條。

8、天蠍座

天蠍座非常不願意借錢給別人，但有時候礙於情面也會借錢出手。他們最怕的是死纏爛打，如果長時間找他說好話，而他也有一點閒錢，他借錢的可能性會很高。而如果你很靦腆地找他借錢，多半不會成功。

9、射手座

射手座的錢很好借，因為他們一般比你還窮。

10、摩羯座

摩羯座的錢不太好借，即使他們有了閒

錢，也一定很快就被做了新的規劃，你去找
他借錢就是打亂他們的這個規劃。不過，摩羯
座的人很講感情，如果是有恩於他的人找他借
錢，他傾囊而出都會借給你，而且並不急著催
你還錢。

11、水瓶座

絕大多數情況下找水瓶座是借不到錢的，
除非他們那天心情特好，而且剛好手上非常寬
裕。他們會一本正經地要你寫下借條，然後才
會借給你。其實，他們倒不是特別的小氣，只
是對要找別人借錢的行為感到難以理解，懷疑
找他借錢的人是不是有什麼問題。

12、雙魚座

雙魚座的人很喜歡借錢給別人，也很喜
歡找別人借錢，朋友間的金錢。不過，整體來
說，是他們吃虧的時候比較多。

誰是十二星座裡的「月光族」

其實這個用星座來衡量會有很大的出入，畢竟每個人的收支情況受太多複雜的因素來影響。不過，下面的幾個星座確實花錢比較大方，成為「月光族」的可能性比較大。

1、射手座

受性格影響，射手座不會在公司中佔到有利的位置，肥差常被別人搶走了，且分起錢來他們也懶得為自己爭取利益，可以說在金錢上會比較匱乏。他們好旅遊、運動、交朋友，每一樣的開銷都不小。所以，他們經常會有經濟上的難題。

2、白羊座

白羊座很豪爽，一個月有那麼一次一擲千

金的機會就能讓他們成為「月光族」。白羊座很講義氣，又很衝動，既會在朋友身上花錢，是會買一些不必要的東西，根本不懂得節儉。

3、獅子座

獅子座講面子、講排場，容易做些超出能力範圍的事。一個月20000元的薪水，他卻要拿出5萬元的排場，自然是入不敷出。到月底那幾天，獅子座一定是囊中羞澀，連說話的聲音都小了不少。

說到這裡，大家可能已經發現了，怎麼說的都是火象星座啊。沒錯，火象星座的人花錢大手大腳，而土象星座的人就是另一個極端，金牛座、處女座、摩羯座成為「月光族」的可能性幾乎為零。

誰是星座哭窮高手？

　　相信大家都見過哭窮的人吧，看看是不是下面的幾個星座。

第一名：雙魚座

　　眨著一雙水汪汪的眼睛，微微嘟起的小嘴，無限幽怨的表情，這就是雙魚座裝得楚楚可憐的樣子。窮苦經是他們時常掛在嘴巴的口頭禪，沒事就要演練個兩遍。這倒不是他們怕別人來找他們借錢而故意擺出的閃避方式，只是他們一向多愁善，沒錢用，確實很一件刻骨銘心的痛楚。

第二名：巨蟹座

　　巨蟹座的錢總是不夠用，家裡的老人、小孩，還有另一半，巨蟹座恨不得在每人身上都砸下一大筆錢，才能表達自己的愛心。即使已經存下來一大筆錢，他們還是會堅定不移地認

為自己是窮人，未來不可預知的事情太多了，
巨蟹座只有透過哭窮方式才能緩解自己對這種
不可預知的恐懼。

第三名：摩羯座

摩羯座的情況和巨蟹座類似，強烈的責任
感讓他們感到不安。但和巨蟹座不同的是，他
們哭起窮來，並不以哀怨或數量取勝，而是斬
釘截鐵的幾句話，就能讓你對他的窮苦深信不
疑。而隨口而出的摩羯座也像甩出了一個沉重
的負擔一樣，心裡舒坦了很多。

十二星座怎樣做才能加薪

俗話說：「一分耕耘，一分收穫。」但
是事實往往並不如此，十二星座如何讓老闆欣
賞自己，給自己加薪呢？

白羊座

白羊座很有衝勁，但是有時候很莽撞。如果在老闆特別關注的事情上，突然表現出很細心的一面，這樣就會讓老闆有把你培養起來的成就感，以後自然會委以重任。在他對你刮目相看的時候，再提加薪的要求比較合適。如果他不答應，千萬不要和他爭辯，要留有餘地，反正你的要求他已經知道了。

金牛座

金牛座其實很在乎錢，但是又不願意流露出來，總覺得開口要加薪，有點難以啟齒。他們認為，只要自己拼命工作，總有一天能引起老闆的關注，得到老闆的認可。其實，這種做法行不通，老闆認可是一回事，給你加薪又是另一回事。有的老闆很會假裝睜一隻眼閉一隻眼，若想加薪，就大膽地提出自己的要求吧！

雙子座

雙子座外交能力比較強,喜歡在賺外快上動腦筋,即使要求加薪,也是嘻嘻哈哈,讓老闆感覺不給加薪也沒什麼。

不過,雙子座往往是老闆的智囊團成員,如果老闆問起你的一些管理意見的時候,不妨談一下薪水上的事情,這樣老闆就會感覺到你的誠意了。

巨蟹座

巨蟹座很容易把公司當成一個大家庭,對公司的每一個人都很和善,是老闆比較放心的員工,但放心就意味著給你額外加薪的可能性很小。這樣的話,巨蟹座可以多發揮愛家的特長,如果能和老闆的家屬多多接觸,一定會得到老闆的歡心,加薪也就是遲早的事。

獅子座

獅子座需要注意的問題是：不要功高震主。要收斂你的榮譽感，不要把什麼功勞都往自己身上攬，那樣做的結果就會適得其反，很可能被掃地出門。記得你的業績都是老闆領導有方，是老闆的洪福齊天，遵循這個規則，有領導力的獅子座離加薪的日子就不遠了。

處女座

處女座很細心、很努力地為公司做牛做馬，但是並不討老闆的喜歡，雖然老闆也知道你是最用心工作的員工，但是就是對你不冷不熱，這是為什麼呢？當然是人緣不好啦，會有人在老闆面前講你的壞話，老闆起先還為你抱不平幾次，後來就會越來越討厭你，誰叫你太挑剔、太折磨人了呢？所以，處女座要加薪，反倒是要少做一點工作，少管一些閒事。

天秤座

天秤座是公司裡的和事佬，但是也給老闆留下不幹正事的印象，疑心重的老闆還會懷疑你是不是在搞小團體，專搞職場鬥爭。如果天秤座把精力放在工作上，做出幾件出色的事情來改變老闆對你的看法，那時候加薪就是水到渠成的事情了。

天蠍座

天蠍座工作起來殺氣騰騰的，樣子比較嚇人，老闆都有點怕，加上老闆和天蠍座日常溝通的時候不會很多。所以，天蠍座能不能得到加薪，就完全看老闆的識人能力了，有的老闆會非常欣賞天蠍座的工作方式，有的老闆卻會忽略天蠍座的努力。

射手座

　　射手座表面看起來和老闆的關係很親密，老闆也很喜歡和射手座在一起工作、娛樂，但是射手座身上愛玩的特徵太明顯了，很容易招到老闆的誤解，以為你工作中也在耍寶，沒有認真負責，這點讓射手座感到委屈。所以，有時要嚴肅點，讓老闆知道你對工作其實也是很認真的。不過，依射手座的個性，大多不會這麼做，因為他們也不怎麼在乎加不加薪。

摩羯座

　　摩羯座可能是和老闆相處，距離最遠的員工。摩羯座很害怕別人說你自己拍馬屁、巴結老闆，總是離老闆遠遠的。即使有溝通，都往往是老闆找摩羯座，他們很少有主動去找老闆的時候。摩羯座嚴肅、威嚴、不可親近，即使老闆心裡對他們有所敬重，但是也不好過於表現出來。整體來說，摩羯座很難得到加薪的機

會。

水瓶座

水瓶座對老闆來說是一個最難對付的人，可以說是又愛又恨。

一方面，水瓶座實力超群，另一方面，水瓶座不守規矩，不服管理。即使老闆很欣賞水瓶座的才華，也不大願意給水瓶座更高的報酬。如果水瓶座不是掌握著公司的核心技術，直接能決定公司的前景的話，加薪的要求一般會以失敗告終。

雙魚座

雙魚座懂得察言觀色，比較善良可愛，一般能得到老闆的喜愛。但是老闆喜歡歸喜歡，會不會多給你薪水又是另一回事了。這個主要由老闆的個性所決定，大方的老闆會對雙魚座

大方，吝嗇的老闆就會對雙魚座吝嗇。

哪些星座比較能一生富貴

有些星座是月光族，而有些星座總有錢花，甚至一生不缺錢。那麼，哪些星座比較能一生富貴呢？

第一名：金牛座

金牛座早期的奮鬥可能會有一點艱苦，可是只要小有積蓄，金牛座就能玩起他那最拿手的把戲——以錢滾錢。他們簡直就是天生的金融學家，投資理財手段一流。

第二名：天蠍座

天蠍座在金錢方面顯出了一個字的厲害：準！其實，他們在金錢上的動作並不多，但是

一兩次關鍵性的投機就能讓他們一輩子衣食無憂。看起來非常簡單，但是只有天蠍座自己才知道自己背地裡付出了多少努力。

第三名：水瓶座

無心插柳柳成蔭，這就是水瓶座的人生。瀟灑的水瓶座從來不會把賺錢當成第一位的，他們追求精神層面的享樂。但是他們很容易依靠知識的力量，站到有利的位置，一旦他們發現金錢的重要性，偶爾花點心思，就能賺上一大筆。不過，這時候他們不會繼續追逐財富，「夠用就好」是他們的原則。

第四名：雙魚座

雙魚座是有福氣的星座，他們沒有什麼大的理想，更不會為了錢拼命。但是他們通常會有很好的家世背景，從小就能過著養尊處優的

生活。即使不是這樣，也總是能找到為自己遮風擋雨的靠山，不會為了錢而發愁。

如何根據星座特點進行投資

白羊座：投資短線最適合，因為個性衝動，無法坐的住的白羊對於股市裡的風起雲湧無法完全接受。他們會在最初投資股票時取得一定的成績，但一旦長期投資開始，白羊就會因為衝動的性格而吃虧遭受損失。

金牛座：個性沉穩的金牛是土星星系裡沉穩和耐性的代表星座。金牛具有的這兩個優點令其十分適合投資股票，守護星金星代表財富，能為金牛帶來財運，所以，對於金牛來說，長線短線都可以賺錢。天生就是理財專家的金牛具有這方面的特質。沉穩的性格令其不

會被股市的起伏而影響心情。

雙子座：風向星座的雙子頭腦聰明，靈活，但是，聰明不代表適合投資，俗話說，聰明反被聰明誤，雙子便是如此，他們精明的頭腦令他們可以短期獲得投資市場裡的利潤，但切記，搖擺不定和過於精明，是他們的大忌，也是投資股票的大忌。雙子缺少金牛的沉穩和白羊的大氣，因而還是少碰股票為妙。

巨蟹座：土象星座，敏感度為百分之百，因為過分的敏感，巨蟹缺乏安全感。無法信任旁人的巨蟹自然也不會信任市場，他們寧願把錢放入銀行生利息，也不肯輕易嘗試投資，這樣高風險的活動，是巨蟹們避而遠之的。

獅子座：性子急，是十二星座裡焦躁的星座之一，固執的獅子座不適合研究股票，更何

況他們認為錢財乃身外之外，何必費心。所以獅子座的人更喜歡去投資政壇上的人脈關係也不想將時間浪費在投資市場中。

處女座：十二個星座裡，最適合投資股票的星座之一，投資大師巴菲特便是這個星座。屬於土象星座，和金牛座一樣低調踏實，雖然沒有金牛的天分，但也不是太差，再加上有智慧的水星守護，他們更傾向於長期的於股市鬥爭，就像巴菲特那樣「長線持有」的操作。他們的頭腦靈活穩定，耐性極佳。

天秤座：慵懶，優雅的氣質便是天秤的簽名，自我意識令天秤不屑於鑽研資料和圖表，他們更多的時候是幻想賺大錢，慵懶令他們常錯失良機，雖然天秤有金星守護，但卻無法獲得更多的財富。理財心得不多。

天蠍座：代表重生，這個星座的自救能力極強，就算投資失敗了，也不會輕易放棄，他們會努力站起來，直到下一次勝利。敏銳的天蠍內心極其敏感，焦躁的性格令天蠍在投資股票時總會有不利的因素的存在，只要放寬心，在投資股票中，也可以算是一位好手。

　　射手座：投資股票不適合射手，太過粗心大意是射手座的特點，對待需要精密的投資市場，射手耐心不足，粗心有餘，很容易出事。而且屬於火象星座的射手脾氣暴躁，很容易因為起伏漲跌氣壞自己的身體，所以，還不如去當安安穩穩的公務員好。

　　摩羯座：與金牛、處女同屬土象星座，摩羯的耐力和心理素質是很棒的，是投資市場裡的不可多得的優勢者。不過因為守護星座是代

表困難挫折的土星，財運便不是很旺盛，常在市場中棋差一招。不過堅忍的性格是摩羯的救命稻草，他們總能堅持到最後，他們不會輕易被挫折打敗，但因為久經挫折，也令他們佔有欲極強。

水瓶座：水瓶座是風象星座，擅長交際的水瓶社交活躍，他們愛好投機更甚於投資。因為聰明，還因為能投機成功主要因為水瓶有代表變革和創新的天王星守護。他們能透過現象看本質，發現別人看不到的潛力股。當然，他們需要的還是要多一些功夫，而不是一味的耍小聰明。

雙魚座：敏銳是他們的優點，但心理素質不佳是他們的缺點，在市場裡只要適當練習，也會取得不菲成績。

健康篇

十二星座誰最憂鬱

　　從現代醫學的觀點來看，健康的範疇越來越廣，生理上的健康只是個人健康的一部分，心理上的健康越來越被提到重要的位置。而憂鬱無疑是心理健康的第一殺手，那麼，哪些星座的人比較容易憂鬱呢？

第一名：摩羯座

　　平時看起來就非常嚴肅而深沉的摩羯座，總是在為一些難以實現的事情而煩惱。缺乏物質層面的安全感，基本上是摩羯座憂鬱的主要原因。他們看起來很平靜，但是內心的欲望總是得不到滿足，他們的內心總是在接受煎熬，而且很容易變成惡性循環，越憂鬱越難以自拔。到後來，一點小的麻煩，也會在摩羯座的

內心被放大，使他們非常沮喪。所以，對於摩羯座來說，一定要多和家人談心，多和朋友一起散心，摩羯座的親友也一定要多關心，尤其是他們遇到別人不以為意的小麻煩的時候。

第二名：巨蟹座

與摩羯座的憂鬱不同，巨蟹座的憂鬱大多來自於愛情或家庭。折磨自己，可以說是巨蟹座的憂鬱的寫照。他們的憂鬱一大半是自己瞎想出來的，一點點小事，就會放在心裡反復的琢磨，直到琢磨出嚴重的後果。即使暫時擺脫了憂鬱，過不了幾天，哪怕有一點點起因，他們又會把很久以前的那件小事重新拿出來琢磨，再次琢磨出讓自己痛心的結果後，再次重度憂鬱。

第三名：水瓶座

　　如果以憂鬱的頻率來說，水瓶座可排第一。不過，水瓶座的人憂鬱來得快，去得也快，因為他們往往是為了一點點小事就突然憂鬱了，等那點小事過去了，他也就恢復了，不過，下一件小事一來，他又憂鬱了，如此反復。相對於其他星座，水瓶座的憂鬱倒是很好化解，多轉移他的注意力就對了。不過，他們的頻率太高也比較難辦，所以對水瓶座而言需要的是耐心。

第四名：雙魚座

　　雙魚座的憂鬱往往來自於自己強烈的責任感。有社會責任感的雙魚座總是把自己的思維往世態炎涼、唯利是圖、禍國殃民等這些方面引導，所以會顯得憤世嫉俗、憂心忡忡。即使不是憂國憂民，雙魚座也容易落入自責的深淵，覺得別人的痛苦都由自己造成，這給雙魚

座很大的心理負擔。而且，雙魚座有時候會把憂鬱作為一種手段，半強迫性的傷感，以希望得到別人的勸解，讓別人認同自己。

第五名：處女座

所謂「杞人憂天」說的就是處女座。對於未來，處女座持有一種恐懼的心態。所以，他們總是高瞻遠矚，對未來作出種種設想，規劃出種種應對之策。而一旦事情的發展超出預計，哪怕只是一點點不夠完美，也會讓處女座感到不安，會越來越擔心。而且，處女座不會排解這種擔心，只是悶在心裡，如此，他們就會莫名其妙地發脾氣，給人很毛躁的感覺。

不管是哪一種憂鬱，都有兩種比較有用的療法，一是多接觸大自然，二是需要親友的關心。如果憂鬱長期得不到排解，很容易出大問題，發展成嚴重的病症就難辦了。

怎樣針對星座特點減肥

現在是一個以瘦為美的時代，尤其是女性，骨感比肉感的更能得到異性的青睞。苗條的身材是怎麼來的呢，十二星座又各自有什麼妙法來瘦身呢？

1、白羊座

減肥迫切性：★★

關鍵部位：腰部、腿部

原因分析：白羊座精力充沛、天生體質健壯，加上比較熱情，辦事衝動，行動力十足，喜歡到處跑來跑去，所以腿部會比較粗壯，尤其是小腿，可能是全身最難減下來的部位。而白羊座的人比較貪吃零食，很喜歡在閒談、

看電視的時候拿零食往嘴裡塞，久而久之，不胖才怪。另外，白羊座的人，對減肥沒什麼熱情，即使開始減肥，也會很快就放棄，所以專心減肥、持久減肥，對白羊座都很難以實現。如果白羊座實在肥胖得厲害，可以採用一些手術的方法來瘦身，如果情況不那麼嚴重，就只有在平時多注意一些小祕訣了。

小處方：

（1）少吃容易讓人發胖的食物。

（2）不要買零食放在家裡，更不要帶到辦公室裡。

（3）多幫腿部按摩。

2、金牛座

減肥迫切性：★★★★☆

關鍵部位：全身上下

原因分析：金牛座是十二星座中最容易

得天生肥胖症的星座，即使金牛座中少有的瘦子，也大多是因為生活狀態比較糟糕導致的，這樣也容易得到別的疾病。如果生活條件比較優越，尤其是長期從事運動量低的工作，金牛座不胖很難。不過，金牛座的胖是那種很壯實的胖，很少出現一身贅肉的情況。即便如此，金牛座的人也應該比別的星座的人更注意控制體重，如果家裡有人燒得一手好菜的話，對金牛座來說可不是件什麼好事。

小處方：

（1）少吃多動是金牛座很有效的減肥手段。

（2）不要吃高熱量的食物。

（3）不要去附近的小餐館。

3、雙子座

減肥迫切性：★☆

關鍵部位：腰部、手部

原因分析：雙子座肥胖的機率非常低，但是如果胖起來的話，會顯得特別魁梧。一般來說，多才多藝的雙子座手臂比較發達，肩膀比較寬闊，一旦胖起來，上圍會比較驚人，如果個子較高帶一點駝背的話，就會非常難看。所以，對雙子座來說，減肥的過程，更多的是一個塑身的過程，是一個保持線條的過程。

小處方：

(1) 多活動筋骨，可以在休息的時候稍微做幾下擴胸運動。

(2) 吃高纖維的食物有利於保持身材。

(3) 多喝茶、嚼口香糖，不要吃零食。

4、巨蟹座

減肥迫切性：★★★★★

關鍵部位：全身

原因分析：巨蟹座簡直就是肥胖製造機。巨蟹座的體質是天生粗壯的那種，骨架比較大，又有肉，所以會顯得很富態，甚至連眼瞼也總是微微水腫，加上他們很有愛心，也容易得到別人的回報，會有人時常送來好吃的，這也導致心情總比較愉快，正所謂心寬體胖。何況巨蟹座往往廚藝還相當不錯，胃口比較好。另外，巨蟹座的人有點懶惰，這就更是雪上加霜了。整體來說，巨蟹座具備了一切肥胖的要素，不僅自己胖，還會影響周圍的人發胖呢！

小處方：

（1）高強度的鍛鍊對巨蟹座最為重要，把肌肉練出來就會有很大改觀。

（2）勤快一點，讓自己忙起來。

（3）少下廚，吃簡單一點。

5、獅子座

減肥迫切性：★★☆

關鍵部位：腹部

原因分析：天生注重外表、身材高挑的獅子座肥胖的機率並不高，即使肥胖，也不會十分嚴重。不過，養尊處優的生活倒是容易給腹部帶來贅肉。如果獅子座的你確實胖了，千萬不要聽信別人的話，如果別人恭維你的身材的話，不過是在敷衍你罷了。要知道，你平時的所作所為不會讓人樂意對你來個當頭棒喝，「哎呀，你胖了，要減肥了」這種話，即使你最好的朋友恐怕也不會輕易對你講出來。

小處方：

（1）這是一個絕招：告訴你周圍的人說你要減肥，特別要讓那個討厭你的人知道。

（2）找到那張你最滿意的照片，放在經常可以看到

的地方。

6、處女座

減肥迫切性：★★

關鍵部位：無

原因分析：處女座基本上不會出現幾個月或者一兩年內胖了很多的情況。如果胖的話，大多是長期持續胖下來的，不過話說回來，處女座肥胖的機率很低。但是，如果真的發胖了，處女座的減肥往往以失敗而告終，究其原因，無非是毅力不夠。有點神經質的處女座總是突然意識到自己要減肥了，就拼命的想盡辦法減肥，過不了兩天，就又把減肥的事拋到九霄雲外了。而且，他們的減肥方法也往往不從根本下手，喜歡「頭痛醫頭，腳痛醫腳」。

小處方：

（1）做一個詳盡的減肥計畫表，不要計畫效果，而是計畫過程。

（2）照食譜飲食。

（3）不要有太重的精神壓力。

7、天秤座

減肥迫切性：★★★☆

關鍵部位：下巴、脖子

原因分析：天秤座其實是俊男美女最多的星座，但是胖子的比例並不低，有時候會給人很惋惜的感覺，「某某某其實挺漂亮的，就是胖了一點」這樣的話多半是形容天秤座。天秤座的胖不同於巨蟹座的那種結實，大多數是虛胖，像水腫似的。不過，天秤座胖都胖得比較勻稱，甚至可以只是算肉感、豐滿。但是減肥的話，天秤座很難堅持下來，自己想辦法減

肥不會有什麼成效，真要下定決心減肥，就去
專業的減肥機構吧！

小處方：

（1）如果減肥的話，找個伴大家一起互相鼓勵比較
　　好。

（2）儘量不要去餐廳聚會。

（3）不要吃甜食。

8、天蠍座

減肥迫切性：★★☆

關鍵部位：背部、屁股

原因分析：天蠍座總是給人很粗獷的感
覺，即使有點小肥胖也看不出來，而且即使肥
胖，也不會肥胖在關鍵部位，最多就是背部、
屁股、大腿上多長一點肉。所以，減肥的迫切
性不高，就算不得不減肥，以天蠍座的毅力，

減肥也不是什麼難事。

小處方：

（1）喜歡暗自賭氣的天蠍座最怕「不經意」提到

他的肥胖。

（2）多運動，把肥胖轉化為力量。

9、射手座

減肥迫切性：★★★

關鍵部位：屁股、大腿

原因分析：射手座發胖的機率比較高，不過大多是微胖，這些快樂的小胖子在生活中比較多見。不過，以射手座開朗活潑、精力充沛的特點，減肥的迫切性並不見高。如果減肥，一定不要用枯燥、痛苦的方法，那對射手座不適用。射手座男性可以多選擇球類運動，射手座女性可以跳健美操，做瑜伽。

小處方：

（1）不要往有好吃的地方去。

（2）游泳、打球這類運動對射手座有效。

10、摩羯座

減肥迫切性：☆

關鍵部位：無

原因分析：嚴肅、深沉、憂鬱的摩羯座要胖起來實在太難了，恐怕需要增肥的摩羯座比需要減肥的摩羯座還要多。當然，大多數的摩羯座是清秀、挺拔的好身材。如果摩羯座不幸肥胖了的話，大多數是內分泌失調導致的，只要調整好心情，肥胖便會消失。即使有極個別例外，因生活條件比較安逸發了胖，以摩羯座的毅力，要瘦下來也不是什麼難事。

小處方：

（1）運動不僅能減肥，也能保持身材的勻稱。

（2）不要喝酒。

11、水瓶座

減肥迫切性：★★★★

關鍵部位：腿部

原因分析：水瓶座是屬於偷偷長肉的那種，他們暴飲暴食的生活方式很容易發胖。他們神經比較緊張，就常常在吃的上面來調節情緒，不知不覺就胖了。而且，水瓶座比較喜歡穿寬鬆的衣服，所以胖了也不容易察覺。

小處方：

（1）多穿緊身點的衣服監督自己。

（2）別邊看電視邊吃零食。

（3）別再騙自己什麼自然就是美了，看看那些模特兒，難道那樣不是更好嗎？

12、雙魚座

減肥迫切性：★★★☆

關鍵部位：屁股、大腿

原因分析：與有些喜歡在外面大吃大喝的星座不同，雙魚座喜歡一個人窩在家裡，一會就往嘴裡塞一點東西，加上不喜歡戶外運動，不胖實在很難。對於雙魚座來說，最好的減肥方法就是去談一場戀愛，既可以改變不喜歡和人打交道的毛病，也可以借助愛情的力量來完成減肥大計。

小處方：

（1）瑜伽是最適合雙魚座的運動。

（2）節食要有適度。

（3）多交性格開朗、好運動的朋友。

哪些星座容易出現健康警訊

不論是為了錢，還是為了榮譽，或者是天生的工作狂，有的星座確實在工作上不太注意休息，使自己特別的勞累。

第一名：摩羯座

有人說摩羯座是天生的工作狂，其實摩羯座裡工作狂只是少數，大多數人是為了尋求一點安全感。工作確實是摩羯座的生活重心，憂心忡忡的摩羯座總是渴望在工作上做出成績來，讓自己能安心地生活。如果錢財得到了滿足，摩羯座就會馬上轉向對權力的追逐。總之，只有不停地追逐摩羯座才能找到平衡。

第二名：處女座

處女座對工作幾乎是一種本能，什麼金錢、榮譽都是其次的，只要看到一件事情，處女座就本能地去做。除了這種本能外，處女座會過度勞累的一個重要原因在於，處女座相信一鼓作氣是最好的辦事方法。所以，要他們把事情留到明天再做很難，這樣處女座就經常工作到很晚，影響休息。

第三名：天蠍座

天蠍座一般身體很瘦，但是耐心驚人。他們體力極佳，抵抗壓力的能力超強，而且他們好勝心強，有主動性和侵略性，一旦制訂計畫，就會咬緊牙關堅持下來。他們仗著自己超強的韌性，總是做一些難度很高的工作，久而久之，身體就會遭受傷害，積勞成疾。

第四名：水瓶座

水瓶座對有挑戰性的工作特別有勁，如果同事遭受了失敗，他們會衝上前來大喊：「讓我來！」他們非常倔強，解決難題是他們的一種樂趣，不攻克下來誓不甘休，廢寢忘食的情況頻頻出現。但是，水瓶座並不是真正的工作狂，也不是刻意為了虛榮心，他們勞累往往是在高難度、高強度的工作出現的時候。

容易壓力大的星座，如何向以下星座 學習紓解壓力

在現實生活中，壓力無法避免。如果我們不能學會如何面對它，它就會來困擾我們。儘管我們通常不能控制那些導致壓力產生的事情，但是我們能夠控制自己面對壓力的態度。以下幾個星座將為大家提供了一些面對壓力的

方法。

第一名：處女座

　　處女座是最能應對壓力的星座。實際上，他們面臨的壓力也會是十二星座中最小的，因為處女座是對自己要求最高的星座，他們對自己總是很苛刻，做什麼事都會以挑剔的眼光來審查多次，如果他們要做什麼事，就會把大事分成很細小的一件件小事來完成。總之，處女座對付壓力的方式就是，總是走在壓力的前面，所以也就不會有很大的壓力了。

第二名：射手座

　　樂觀的射手座對於壓力的處理比較有意思，那就是直接藐視壓力。「沒什麼大不了的」是射手座經常掛在嘴邊的話。射手座生性開朗活潑，總是能透過休息、娛樂來緩解壓

力，他們不會在心裡埋怨什麼，有什麼想法就會坦率地講出來。如此一來，他們不僅容易得到別人的諒解，也容易得到別人的幫助，所以，壓力也就會真的變成像射手座說的那樣，沒什麼大不了的。

第三名：金牛座

金牛座沒有射手座這麼灑脫，不過，務實的金牛座有獨特的面對壓力的方法。金牛座對付壓力的方法說起來很簡單，就是硬撐。穩重踏實的金牛座對壓力的負重能力遠遠超過其他星座，有點泰山壓頂不彎腰的意思。退縮、失敗的後果是金牛座絕不能接受的，所以死撐，「挺一下就過去了」是金牛座的座右銘。

第四名：獅子座

獅子座是最要面子的星座，要他們認輸簡

直不可能。他們會把征服壓力當成顯示自己能力的一種方式。說到底，不服氣就是獅子座面對壓力時的心態。因為在別人面前抬不起頭是獅子座最不能接受的事情。

學業篇

怎樣根據星座特點提高考試狀態

有實力更要有好狀態，這樣才會考出好成績。實力需靠平時學習累積，那麼怎樣做才能有好狀態呢？

1、白羊座

白羊座在考前要切忌和人發生爭吵，平和的心態是考出好成績的必要條件。飲食方面也要注意，不要吃些油膩、辛辣的食物，尤其是紅辣椒會讓白羊座煩躁。考試中要注意審題，看清題目的要求再下筆，做完後一定要多檢查幾遍，明明做對了但是卻寫錯，是白羊座常犯的錯誤。

2、金牛座

金牛座最需要注意的是答題的速度了，一

定要有整體觀念，不要在前面的題目上花費太多的時間，做到後面才發現時間來不及了，又慌又急，那就糟糕了。考前要多訓練答題的速度，最好計畫好多長時間答完選擇題，多長時間答完填空題，留多長時間做後面的大題。

3、雙子座

雙子座要注意不要吃太多零食，保持注意力集中。另外，一向比較八卦的雙子座考試前也最好暫停幾天，別成天和人在一起講悄悄話，既耽擱自己的學習，也影響到別人。

4、巨蟹座

巨蟹座考前要先去看看考場，熟悉一下周圍的環境，避免因為太陌生而產生緊張和不安。考試的時候，對不會做的題目，不要完全放棄，儘量將自己知道的內容寫下來，且選擇題和填空題不要留有空白。飲食方面，巨蟹座可能需要吃一點開胃菜。

5、獅子座

獅子座考前準備的時候，不要指使你的同學為了做這做那的，畢竟人家也要考試。所以，獅子座要自己檢查好每個環節，自己才是最可靠的。考試的時候要注意審題，不要一個題目還沒有看完，就開始盲目答題。

6、處女座

處女座的考運比較一般，考試成績往往會比平時差一點，所以要有心理準備，尤其是考完第一科後，要會調節好自己的狀態，全力應付下一場考試。另外，處女座也要注意答題速度，別想著答到100%的完整。

7、天秤座

天秤座考前複習的時候，一定要找個安靜的環境獨自一個人學習，不要三五好友在一起複習，因為天秤座需要的是家長和老師的監督，而不是同學的幫助。考試的時候要發揮自

己的小聰明，但不能過於依仗自己的小聰明，平時的刻苦學習才是考出好成績的基礎。

8、天蠍座

天蠍座的考試成績往往超出老師和同學的預計，如果考前複習缺少動力，天蠍座不妨多想想老師和同學看到你成績後的驚訝表情，那樣你就會動力十足了。天蠍座理工科成績突出，但是語言科目就會比較差一點，應在外語上下點工夫。作息方面要注意應有規律，別精神一來就死命看書，連吃飯休息都忘了。

9、射手座

射手座很聰明，也很討老師的喜歡，但是考試成績往往不理想。所以，考前別急著安排考完後的活動，還是好好的安心複習功課要緊。尤其是理工科目，是射手座的難度，考前不妨估計一下考題的範圍，把要用到的公式多記幾遍。考試的時候，答題要嚴謹，別在考卷

上天馬行空地胡亂發揮。

10、摩羯座

摩羯座要緩解壓力，別盡想著考砸了怎麼辦的問題，要相信自己只要按著自己安排的進度來複習，就一定能考出好成績，要多一點灑脫，相信努力了、付出了，本身就已經得到了，考試並不決定人生。在飲食方面，要多喝水，一向重口味的摩羯座要多吃一些清淡的食物，這有助於保持一個輕鬆的心態。

11、水瓶座

讀書成績好的人裡面，水瓶座的人比例比較高。應付考試，對水瓶座來說比較容易，但是要注意的是，水瓶座偏重某些科目的比例也比較高。建議水瓶座不要把精力過多地放在自己的優勢科目上，著重於自己的劣勢科目對整體成績的提高更有效。至於考前複習，作為優等生的水瓶座適合和該科成績好的同學一起共

同複習，來討論一些比較難的問題。

12、雙魚座

雙魚座的學習其實是不錯的，但是考試成績不穩定，常常起起落落。這源於雙魚座自己的心理暗示，如果水瓶座感到精力充沛、一切順利，就會發揮出好的水準；反之，就會考砸。面對考試，水瓶座要相信自己的實力，別想得太多。飲食作息方面也要格外注意，務必讓自己保持一個輕鬆愉快的精神，進考場前可以喝點碳酸飲料或濃茶，但不宜喝太多。

不同星座的人開學前各有哪些苦惱

是不是到了開學的時候，大家都會懷念假期的生活呢？對於一個新的學期，十二星座各自有著什麼樣的煩惱呢？

1、白羊座

喜歡在外面跑來跑去的白羊座，是不是突然發現：「哎呀，我怎麼曬得這麼黑啊，一笑露出一口雪白的牙齒，這要怎麼見人啊，對了，突然想起來，好像還有一科的作業徹底忘得一乾二淨了，這怎麼交差啊？」

2、金牛座

到了開學，又要到學校裡吃餐廳裡那些饅頭、稀飯啊，金牛座真是捨不得媽媽做的美食，還是多吃一點吧，到學校就吃不上了。

3、雙子座

雖然也很想念同學們，但是要和家裡的小夥伴們分手了，多少還是有點捨不得的，尤其是鄰居家的小狗狗，又要很長時間不能逗牠玩了。

4、巨蟹座

窩在家裡一個假期，又要到學校裡過團體

生活了，雖然嚮往和同學們一起共同生活，但是再也看不到電視了，那個肥皂劇的結局不知道會怎麼樣呢。

5、獅子座

假期生活豐富多采的獅子座，一想到學校裡每天教室、餐廳、宿舍的單調生活心情就好不起來，下次放假可得等半年啊。對了，工作還沒做完呢，找誰幫忙呢？

6、處女座

開學了，再也沒有機會睡懶覺了，想起那種被鬧鐘吵醒，迷迷糊糊不得不爬起來的感覺，處女座真是不願意啊，還是抓住時間多睡幾分鐘吧！

7、天秤座

天秤座最不高興的是，開學了就沒什麼時間現自己的興趣愛好了，做也做不完的數學題，記也記不完的英語單字，想起來就煩。

8、天蠍座

要開學了，才想起假期裡花的錢太多了，買了很多沒用處的東西，想起來都心痛。要是留著就好了，在學校裡多一點零用錢該多好啊。

9、射手座

沒有電動打了，沒有電視看了，沒有遊樂場可以逛了，想想在學校的生活，正是悲慘啊，一點都不好玩。不過，又可以一堆人約好時間打球了，那倒是不錯。

10、摩羯座

平時裡雖然對媽媽的嘮叨很不耐煩，但是要去學校了，才發現媽媽並不那麼討厭，想想和媽媽鬧的幾次彆扭，真是不應該啊。

11、水瓶座

莫名其妙的惆悵中，時間過得真快啊，一轉眼又是半年過去了，又要開始新的生活了，

天氣好像也變了……

12、雙魚座

喜歡發呆的雙魚座，又要到學校裡過著那種望著手錶看時間過日子的快節奏生活了，真是感到被動啊，悠閒的日子，一去不復返了。

怎樣透過星座分析自己的學習狀況

十二星座中，誰的學習力最強，誰的學習力最弱？在學習的問題上，每個星座又有哪些優缺點呢？

1、白羊座

白羊座思維敏捷，理論上應該是學習最好的。但是，急躁的白羊座耐力不足，在漫長的學習生涯中很容易脫隊。不過，短期內的衝刺能力，沒有人能超過白羊座。因此，在那些

系統性不強的短時間的學習中，白羊座是佼佼者。

2、金牛座

金牛座很踏實，也許現在看起來學習平平，但是要想甩下他們可沒那麼容易，他總是那麼不疾不徐地跟在前幾名的後面。不過，金牛座的反應比較慢，出幾個腦筋急轉彎的題目，總能難住他。

3、雙子座

風向星座的雙子座很有應變能力，對新課題的接受能力很強。如果開了新科目，雙子座可能一下子趕了上來，將成績提高一大截。

4、巨蟹座

巨蟹座的記憶力驚人，對於那些需要記憶力的科目會得心應手。在眾多科目中，外語是巨蟹座的強項，對於需要邏輯推理能力的科目，巨蟹座的接受能力也非常強。可以說，巨

蟹座能做到各科同時發展,是不可多得的全面性人才。

5、獅子座

獅子座具有不服輸的精神和強烈的自信,雖然在刻苦的能力上有所不足,但是成績還是很不錯的。

6、處女座

處女座非常勤奮,是老師眼裡最用功的學生,學習成績絕不會差到哪裡去。如果能得到名師指導,一定能爬到前幾名。

7、天秤座

天秤座的成績看起來比較平庸,雖然比較積極主動,人緣也很好,但是學習成績總是平平。不過,如果走向了社會,天秤座往往會讓人刮目相看。

8、天蠍座

神祕的天蠍座要嘛默默無聞,要嘛一鳴

驚人，總給人保留實力的感覺。不過，天蠍座的刻苦努力大家有目共睹，如果有一天突然爆發，大家也會覺得很正常，會自然認可天蠍座實力派的地位。

9、射手座

同是射手座，有的射手座的人學習很好，有的射手座的人學習會非常糟糕，其實這沒有什麼好奇怪的。對於射手來說，興趣是最好的老師，學習好不好，關鍵是看射手座對學習有沒有興趣。

10、摩羯座

摩羯座的學習計畫比較周密，很規範，學習成績很穩定，堅持不懈地努力自然會帶來豐厚的回報。不過，過於緊繃的神經有時候並不利於學習，應學會放鬆。

11、水瓶座

水瓶座有著驚人的智慧，而且很善於向老

師和同學學習。因此，在學習上，水瓶座是當
之無愧的十二星座之首，如果有更多的耐心和
刻苦就更好了。

12、雙魚座

雙魚座善於接受新思想，什麼課題都是
一講就懂，這很容易讓雙魚座不夠專心，最終
弄個似懂非懂。而且，雙魚座沒有沒有自主能
力，創造力也不足，一旦遇到變化比較大的問
題就束手無策了。整體來說，雙魚座的學習算
是比較糟糕的了。

十二星座採取什麼樣的方法
才能提高學習效率

十二星座因為各自的特性大相徑庭，所以
必須採用不同的學習方法才能取得事半功倍的
效果。

1、白羊座

白羊座衝勁十足，但是比較好動，急性子且沒耐心，而且會很熱衷於參與課外活動而沒法專心讀書。白羊座的學習方法應該是把課程劃分多段，每段為一個起點，在每個起點上讓白羊座衝刺，不知不覺就能從頭到尾學完了。

2、金牛座

金牛座的比較有耐心，而且非常勤奮。但是他們不過敏銳，甚至會有一點遲鈍，所以學習時千萬不要貪多，那樣，知識將不容易消化。金牛座的學習方法是，有捨才有得，不要去追求那些難題的解決方法，而是儘量解決簡單題目。

3、雙子座

雙子座的理解能力非常強，但是記憶力一般，沒有什麼耐心，吃不了苦。最適合雙子座的學習方法是最簡單的、最常見的，也是最難

做到的,那就是勤奮努力。雙子座不會特別偏向單科,而是幾門學科的成績很好,另幾門學科的成績不理想,所以,雙子座一定要注意選擇自己的優勢科目進一步學習。

4、巨蟹座

巨蟹座的記憶力不錯,也非常聰明,但是信心不夠,情緒不夠穩定,心理狀態起伏比較大。所以,巨蟹座特別要注意的是要「查漏補缺」,把那些自己狀態不佳的時候沒學習透徹的東西再用功一下,那樣就比較完美了。一般來說,巨蟹座的文科成績不錯,理科成績比較差一點。因為理科的系統性很強,前面的沒弄透徹就會影響到後面的學習,巨蟹座要特別注意這一點。

5、獅子座

獅子座的學習情況和巨蟹座也有些相似,不過不是情緒不穩定造成的,而是貪玩造成

的。獅子座在學習上特別需要老師和家長的監督，是典型的需要鞭策的星座，如果獅子座加油的話，成績就會穩步上升。當然，鞭策獅子座的方法可不是一味的施加壓力，而是鼓勵，要讓獅子座在學習上有榮譽感，讓獅子座多體會學習進步後得到的讚美。

6、處女座

處女座很遵守規矩，老師說怎麼學習就會怎麼學習，筆記也會記得非常詳細工整，但是缺乏自主能力，成績往往不太理想。所以，處女座在學習上的當務之急是找到自主，老師和處女座之間的互動非常重要。千萬不要把處女座放在學生人數很多的班級，那樣處女座雖然非常努力，結果卻往往只能差強人意。如果條件許可，請一個好的家庭教師對處女座的幫助會非常大，家庭教師也不要以教處女座做題為目的，而應該引導處女座獨立思考、獨立探索

為主。

7、天秤座

天秤座在學習上比較懶散，而熱衷於交朋友，打聽八卦，是位消息靈通的人士。學習上，天秤座很需要壓力，尤其是人際關係上的壓力，一旦家長和老師對他表現出失望的情緒，或是表現出因為他的成績不好而受到傷害，他們就會大受刺激，奮發圖強。所以，看起來，天秤座讀書不是為自己讀的，而是為愛他的人讀的，這是個比較有趣的現象，讓有些家長感到非常苦惱。其實，這是天性使然，家長更應該愛護他們才是。

8、天蠍座

天蠍座是默默奮鬥，積聚力量型。往往一個學期的開始，天蠍座會表現得比較平庸，到後半學期才會找到學習的狀態，是比較慢熱的類型。但是要特別注意那種找到狀態後的鬆

懈，一個天蠍最終流於平庸，還是一鳴驚人，就取決於那種找到狀態後能不能堅持下來。所以，天蠍座的目標應該遠大，不要滿足於小成績。相對於別的星座要避免好高騖遠，天蠍座可以把自己的目標定得高一點，努力的過程本來就是一個享受的過程。

9、射手座

射手座的智商較高，歸納總結的能力也不錯，就怕對學習失去興趣。所以，射手座的學習成績更多的是受環境影響，而不是他自己。如果在一個大家多以學習為榮，輕鬆風趣的氛圍裡學習，射手座的表現一定會非常棒；反之，如果氣氛壓抑，老師過於嚴肅或者脾氣暴躁，教學方法比較枯燥，那射手座就會在學習方面表現得平庸。

10、摩羯座

很多人對摩羯座有誤解，以為嚴肅、憂

鬱、能吃苦的摩羯座在學習上的持續力沒有問題，其實，事實並不是這樣。往往在前期摩羯座的學習沒有問題，但是後期很容易出現注意力不集中的情況。所以，摩羯座的學習方式是在後期的時候要格外投入，最好期中考試後，列一個詳細的作息時間表和學習計畫表，每天嚴格地按計劃來學習、生活。當然，注意勞逸結合也非常重要，尤其是心理負擔比較大的摩羯座來說。所以，摩羯座立的計畫，要可操作性很強，不能過於艱苦，要適度調整。

11、水瓶座

聰明的水瓶座適合幾個同學一起學習，人數不宜太多，也不能太少，最好3～5人，大家有什麼難題就一起討論，這樣可以互相借鑒別人的思維模式，不至於學習太枯燥，也能建立起友誼。水瓶座需要注意的是，要控制自己的驕傲情緒，不要有一點小成績就注意力不集

中，所以需要團隊成員之間的相互鼓勵和競爭。另外，要注意的一個問題是，不要鑽牛角尖，很多問題不要急於弄個水落石出，等學到別的知識後再回頭來看這個問題，往往會豁然開朗。

12、雙魚座

雙魚座不適合長時間待在一個地方學習，課間一定要出去走一走，這樣有助於雙魚座集中本不易集中的注意力。

雙魚座也不適合長時間學習一個科目的知識，最好數學、外語搭配著學習。相對於別的星座來說，雙魚座學習是一件非常辛苦的事，同樣一節課的學習，要耗去雙魚座更多的時間和精力。所以，雙魚座應學會調節自己，讓自己保持旺盛的精力，以便更好地集中精力學習。

你知道你的考試吉祥物是什麼嗎？

每個星座都有自己的吉祥物，你的吉祥物是什麼？趕快買來，以求考試「吉祥」。

1、白羊座：涼茶

白羊座的腦袋有點發熱，用涼茶冷卻一下很有必要。而且紅色是白羊的幸運色，大多數涼茶都是紅色的，這能給白羊座帶來好運。

2、金牛座：非黑色的計算機

計算機代表著精打細算，這會和金牛座的氣質彼此呼應，在考場上發揮精準、嚴謹的特點，把分數都拿回來。而黑色對金牛不吉利，所以計算機不能為為黑色的，那會剋住好運。

3、雙子座：彩色封面的筆記本

雙子座喜歡外面彩色的世界，彩色的筆記

本表示他們把彩色的世界都合起來了，把握在自己的手裡。

4、巨蟹座：文具盒裡的親人照片

戀家的巨蟹需要親人照片給自己帶來安穩的感覺，能有效消除緊張感，迅速進入狀態。

5、獅子座：周密的學習計畫表

周密的學習計畫表能給獅子座把握未來的感覺。如果計畫表設計得活潑而富有樂趣，更能幫助獅子輕輕鬆鬆地完成計畫。

6、處女座：資料夾

處女座的心思比較細密，做事有條不紊，有完美主義傾向，資料夾能幫處女座整理學習資料，也能幫助處女座整理心情。

7、天秤座：藍色或綠色的漂亮衣服

藍色和綠色是天秤座的幸運色，打扮得漂漂亮亮的天秤座一定意氣風發，精神滿滿，在考試時發揮出最好的狀態。

8、天蠍座：紅色的鐘錶

天蠍座的學習會比較辛苦，有點昏昏欲睡，紅色的鐘錶能刺激天蠍座打起精神，抓緊時間。

9、射手座：最要好的同學

最要好的同學能給射手座帶來好運，如果考試的時候，被安排分開坐，就會讓射手的好運減退。

10、摩羯座：活頁記事本

活頁的記事本，預示著人生的多種可能性，所以摩羯座不要太過於擔心。輕鬆應對每一場考試，考試之後的事情，考試之後再說。

11、水瓶座：無

在學習上，水瓶座有了太多的優勢，不需要吉祥物。

12、雙魚座：綠茶

綠茶能給雙魚座定神清腦的作用。

讀品首選

星座X血型X生肖讀心術大揭密

你所不知道的星座、血型、生肖大小事，都在這一本裡面，不管是職場、愛情、友情甚至陌生人都能一手掌握，所謂的知己知彼，百戰百勝。

想攻略你的情人？看這本就對了！
想迎合你的上司？看這本就對了！
想加溫你的友情？看這本就對了！
想幹掉你的對手？看這本就對了！
不管大小事，一本就解決！

史上，最靠腰的腦筋急轉彎

最囧的冷知識、毫無頭緒的冷笑話都在這本書
挑戰你的EQ極限，
答案永遠都是讓你狂罵三字經的衝動
囊括最賤的題目、最無厘頭的答題方法

▶ 讀品文化-讀者回函卡

■ 謝謝您購買本書,請詳細填寫本卡各欄後寄回,我們每月將抽選一百名回函讀者寄出精美禮物,並享有生日當月購書優惠!
想知道更多更即時的消息,請搜尋 "永續圖書粉絲團"

■ 您也可以使用傳真或是掃描圖檔寄回公司信箱,謝謝。
傳真電話:(02) 8647-3660　　信箱:yungjiuh@ms45.hinet.net

◆ 姓名:　　　　　　　　　　□男 □女　　　□單身 □已婚

◆ 生日:　　　　　　　　　　□非會員　　　□已是會員

◆ E-Mail:　　　　　　　　電話:( )

◆ 地址:

◆ 學歷:□高中及以下 □專科或大學 □研究所以上 □其他

◆ 職業:□學生 □資訊 □製造 □行銷 □服務 □金融
　　　　□傳播 □公教 □軍警 □自由 □家管 □其他

◆ 閱讀嗜好:□兩性 □心理 □勵志 □傳記 □文學 □健康
　　　　　　□財經 □企管 □行銷 □休閒 □小說 □其他

◆ 您平均一年購書:□ 5本以下 □ 6～10本 □ 11～20本
　　　　　　　　　　□ 21～30本以下 □ 30本以上

◆ 購買此書的金額:
◆ 購自:　　　　　市(縣)
　　□連鎖書店 □一般書局 □量販店 □超商 □書展
　　□郵購 □網路訂購 □其他
◆ 您購買此書的原因:□書名 □作者 □內容 □封面
　　　　　　　　　　□版面設計 □其他
◆ 建議改進:□內容 □封面 □版面設計 □其他
　　您的建議:

廣 告 回 信
基隆郵局登記證
基隆廣字第 55 號

新北市汐止區大同路三段 194 號 9 樓之 1

讀品文化事業有限公司　收

電話/(02)8647-3663　　傳真/(02)8647-3660
劃撥帳號/18669219　　永續圖書有限公司

請沿此虛線對折免貼郵票或以傳真、掃描方式寄回本公司，謝謝！

讀好書品嘗人生的美味

十二星座看你準到骨子裡